Kerstin Röhrich & Markus Helmich

# RUHR GEBIET

## FÜR VERLIEBTE

*Das Handbuch mit Herz!*

DROSTE

Zweisam statt einsam:

# DAS KENNENLERNEN

## Kaffee, Cocktails, Kennenlernen

## Events zum Verlieben

Zeit zu zweit:

# BEEINDRUCKEN

## Für Feingeister: Beeindrucken mit Kultur

## Für Helden: Beeindrucken mit Mut

## Für Ästheten: Beeindrucken mit Stil

# Für Sightseeing-Fans: Beeindrucken mit schönen Aus- und Ansichten

Ja, ich will:

# EINEN ANTRAG MACHEN

## Perfekte Orte und Aktionen für die entscheidende Frage

- - - - - - - - - - - - ♥ - - - - - - - - - - - -

Der Liebe ein Zeichen setzen:

# VERLIEBT, VERLOBT, VERHEIRATET

## Außergewöhnliche Locations

## Hochzeitswälder, Liebesschlösser und Co.

# L♡ve is in the

Was ist eigentlich Romantik? Die gleichnamige kulturgeschichtliche Epoche lässt sich ja recht genau definieren – mit dem Gefühl beziehungsweise der gefühlvollen Stimmung sieht es da schon anders aus. Denn mit der Romantik ist es wie mit dem Humor: Beide sind sehr individuell. Deshalb brechen Frauen bei Liebesfilmen oft in Tränen aus und Männer schlafen ein (oder auch umgekehrt – das kann man nicht immer vorhersagen). Gut, der Sonnenuntergang am Meer ist schon beinahe romantisches Allgemeingut. Oder der kleinste gemeinsame Nenner, auf den sich alle Liebenden, Verliebten und schon wieder Entliebten einigen können. So einfach haben wir es uns bei diesem Buch nicht gemacht! Nun ja, der Sonnenuntergang am Meer hat es auch einfach in Ermangelung eines Ozeans nicht in unser Romantikhandbuch des Ruhrgebiets geschafft ...

Mit dem vorliegenden Band wollen wir ein wenig Romantiknachhilfe für eine Region leisten, die nicht unbedingt als Zentrum der verträumten, idyllischen und poetischen Orte gilt. Im Ruhrgebiet gibt es keine Mainstreamromantik. Hier

# Ruhrgebiet!

hängt der Himmel nicht voller Geigen – hier holt man seiner/seinem Holden dafür die Sterne vom Himmel! Hier versinkt die rot glühende Sonne nicht im Meer – hier beleuchtet sie eine atemberaubende Industrieskyline. Auf der Suche nach den Schmetterlingen im Bauch haben wir eine ganze Reihe ungewöhnlicher Ziele für alle Phasen der Beziehung zusammengetragen. Für alle, die sich noch verlieben wollen, es schon sind oder bleiben wollen. Frei nach dem Motto „Nee, wat schön!".

Außerdem haben uns prominente Ruhrgebietler ihre Insidertipps verraten. Darüber hinaus hat der „Gesichterleser" Dirk W. Eilert Tipps beigesteuert, wie man die Mimik der Traumfrau oder des Traummannes entschlüsseln kann – für den Fall, dass man mit dem romantischen Repertoire doch an die Grenzen stößt … Und Parship hat Kurioses und Unterhaltsames rund um die Liebe und das Kennenlernen ergänzt.

Also: Zünden Sie eine Duftkerze an, legen Sie leise Musik auf, kuscheln Sie sich ein und üben Sie sich in Romantik! Viel Spaß!

Kerstin Röhrich &  Markus Helmich

Zweisam statt einsam:

# DAS KENNEN-LERNEN

# DAS KENNENLERNEN

Wo versteckt er sich, dieser ominöse Mr Right?
Und wo trinkt Mrs Right ihren Latte macchiato?
Wer seinen Beziehungsstatus ändern möchte,
muss erst einmal jemanden kennenlernen.
Aber wo? Das Ruhrgebiet ist immerhin 4436 Quadratkilometer
groß – ungefähr genauso groß wie der Nationalpark Wattenmeer
in Schleswig-Holstein. Allerdings begegnen Singles im Watt
garantiert nicht so vielen potenziellen Partnern wie
zwischen Duisburg und Recklinghausen!

Und tatsächlich belegen Studien, dass ein großer Teil
der Paare sich beim Ausgehen kennenlernt.
Wer nicht im Freundeskreis einen Partner findet oder online
auf die Suche geht, macht die entscheidende Bekanntschaft
meist im Café, Restaurant, an der Bar oder in der Disco.
Über den Tassenrand eines Cappuccinos, bei einer süßen
Nascherei oder einem kühlen Bier flirtet es sich auch im Ruhrgebiet
immer gut. Also: raus ins Leben!

Romantisch sind die meisten Treffs nicht im klassischen Sinn –
aber alle haben das gewisse Etwas, versprechen schon
durch ihre Namen Liebe und Romantik und bieten eine Atmosphäre,
in der neue Kontakte fast von selbst entstehen.

# KAFFEE, COCKTAILS, KENNENLERNEN

## Hüttenzauber in der Heimlichen Liebe in Essen

„Kein Feuer, keine Kohle kann brennen so heiß als heimliche Liebe, von der niemand nichts weiß" – wer so begrüßt wird, dem muss das Liebesglück doch hold sein. Zu lesen ist dieser Spruch im Hotel-Restaurant **„Heimliche Liebe"** im Essener Stadtwald. Nur einige Fahrminuten von den großen Ruhrgebietsautobahnen entfernt macht das Ruhrgebiet hier auf romantisch: Über enge Straßen und schmale Wege tasten sich Ausflügler ins **verwunschene Grün** der Ruhrhöhen. Immer weniger Häuser sind zu sehen, je höher man auf den sich windenden Wegen kommt. Am Ende der Straße lockt schließlich der „Hüttenzauber in der Heimlichen Liebe", wie das Lokal mit vollem Namen heißt – und damit der höchste Punkt Essens. Von hier aus haben Besucher einen wunderbaren Blick auf den **Baldeneysee,** den größten der sechs Stauseen im Ruhrgebiet. Ausflugsschiffe und kleine Segler sind von hier oben gerade noch zu erkennen. Und drum herum: ganz viel Grün. In den bewaldeten Hügeln befindet sich auch eines der Wahrzeichen der Stadt: Die

geschichtsträchtige Villa Hügel der Unternehmerfamilie Krupp schmiegt sich in die Erhebungen um den See. Besonders romantisch ist der Blick ins Tal vom Biergarten der „Heimlichen Liebe". Bei schlechtem Wetter tut es aber auch ein Tisch vor der großen Fensterfront des Lokals.

Die „Heimliche Liebe" gilt als eines der ältesten Ausflugslokale der Stadt, schon im 19. Jahrhundert fand das Haus in den grünen Hügeln Essens Erwähnung. Heute lockt es mit einer speziellen **Hüttenatmosphäre** und alpenländischer Küche. Pure Romantiker erfreuen sich am Sonnenuntergang oder auch – im Winter – am prasselnden Kaminfeuer. Wer eine lockere Kennenlernatmosphäre sucht, ist bei den zahlreichen Veranstaltungen wie dem Oktoberfest oder der langen Tafel zur Biergarteneröffnung richtig.

Um die Entstehung des Namens „Heimliche Liebe" ranken sich übrigens zwei Legenden. Die erste besagt, dass Alfred Krupp sich hier heimlich mit seiner späteren Frau Bertha traf. Die wahrscheinlichere Erklärung für den Namen ist aber, dass der Unternehmer lange Zeit den Wunsch hegte, ein Haus mit Blick auf den Baldeneysee zu bauen. Die Gegend galt als seine „heimliche Liebe". Die Villa Hügel beweist, dass er sich den Wunsch erfüllt hat.

**Romantik-Plus:** Rund einen Kilometer entfernt von der „Heimlichen Liebe" liegt die Neue Isenburg — oder das, was von der mittelalterlichen Anlage übrig ist. Die teils überwucherten Ruinen hoch über dem Baldeneysee lassen die Fantasie Purzelbäume schlagen. Einst war der Sitz Dietrich von Isenbergs eine der größten und wichtigsten Befestigungen der Region. Im Ringen um Macht und Reichtum zwischen dem Erzbistum Köln und der Grafschaft Mark spielte sie eine große Rolle. Sie war Gegenstand zahlreicher Kämpfe, wurde belagert und 1288 schließlich vom Sieger der Fehde zerstört. Die Ruinen sind frei zugänglich. Ein romantischer Spaziergang lohnt sich.

★ Hüttenzauber in der Heimlichen Liebe,
Baldeney 33, 45134 Essen, Tel. (02 01) 43 52 00,
Di.-Do. 11-23, Fr./Sa. 10-24, So. 10-22 Uhr,
im Winter Mo. geschl.

★ Neue Isenburg, Bottlenberg, 45134 Essen-Bredeney,
zu Fuß der Ausschilderung von der „Heimlichen Liebe"
zum Restaurant-Café „Schwarze Lene" folgen

# Café Solo in Dortmund

Solo muss man hier nicht bleiben, auch wenn der Name das suggeriert: Das „Café Solo" in Dortmund liegt am Ufer des noch recht jungen Phoenixsees in Dortmund. Und der bietet klassische **Ruhrgebietsromantik:** Vor einigen Jahren erstreckte sich hier im Dortmunder Stadtteil Hörde noch ein riesiges Brachgelände, hinterlassen von der ehemaligen Hermannshütte. Nach 150 Jahren industrieller Nutzung wurde das Gelände radikal umgestaltet. Heute lockt hier ein Naherholungs- und Wohngebiet mitten in der Stadt. Rund um den 24 Hektar großen See laden gut ausgebaute Wege zum Spazierengehen, Joggen, Radfahren oder Skaten ein. **Chillen statt Maloche** also.

Das „Café Solo" liegt gegenüber dem Hafen, einen schönen Blick über den ganzen See hat man von der Terrasse. Die ist auch der Romantikkick des Lokals: Nach Süden ausgerichtet, verspricht sie Sonne satt und mit dem Seeblick schon beinahe **Urlaubsstimmung.** Mit einem Cocktail oder Wein in der Hand, der Sonne im Gesicht und einem Bötchen vor Augen lässt es sich dort aushalten. Und wer sich vom Seeblick losreißen kann, findet bestimmt jemanden, mit dem man tiefe Blicke austauschen möchte …

Frostigere Tage verbringt man am besten eingekuschelt am Kamin im Innenbereich. Hier ist das große Lokal zweigeteilt: Im Café gibt es neben Kaffee und Cocktails auch Snacks und kleine Gerichte. Nebenan im Loft lockt eine umfangreiche Speisekarte mit mediterranem Einschlag. Das Publikum ist – wie die Location – jung, trendy und ein bisschen cool. Dazu passt auch das Motto der Betreiber: „See it, feel it, live it …".

**Romantik-Plus:** Generationen von Paaren haben ihre Beziehung schon bei einer romantischen Bootspartie vertieft. Am Hafen des Phoenixsees stehen Tret- und Ruderboote zur Ausleihe bereit. Die Bötchen sind ganz nostalgisch im Stil der 1950er- Jahre gehalten – ein hübscher Kontrast zur modernen Architektur rund um den Phoenixsee.

**in Zahlen**

975.302 Menschen, rund 40 Prozent der Einwohner im Ruhrgebiet, lebten 2011 alleine. Damit war der Anteil der Singlehaushalte in der Metropole Ruhr etwas höher als im NRW-Schnitt (28 Prozent).

(Quelle: Informationsdienst Ruhr (idr))

★ Café Solo | Solo factory Dortmund, Hafenpromenade 3, 44263 Dortmund, Tel. (02 31) 22 20 28 88, www.cafe-solo-deutschland.de, Mo.–Sa. ab 9, So. u. Feiertage ab 10 Uhr, Factory: Mo.–Sa. ab 11.30, So. u. Feiertage ab 10 Uhr

★ Bootsverleih am Phoenixsee, Am Kai, 44263 Dortmund, Tel. (0 23 04) 6 16 99, www.bootsverleih-am-phoenixsee.de, Apr., Mai, Sept., Okt. Fr. 14–18, Sa., So. u. Feiertage 12–18 Uhr, Mo.–Do. geschl., Juni–Aug. Mo.–Fr. 12–20, Sa., So. u. Feiertage 10–20 Uhr, 30 Min. Ruderboot 7 €, 30 Min. Tretboot 10 €

# Unperfekthaus in Essen

Dass hier früher einmal Mönche durch die Gänge schritten, sieht man dem **Kreativhaus** mitten in der Essener Innenstadt heute nicht mehr an. Fast nahtlos fügt sich das siebengeschossige ehemalige Franziskanerkloster in die Geschäftslandschaft der City am Rande der Fußgängerzone ein. Gleich gegenüber erhebt sich das noch recht junge Einkaufszentrum „Limbecker Platz". Wer aber die Tür hinter sich schließt, lässt das Konsumgewitter der Einkaufsstadt gefühlte Lichtjahre hinter sich. Denn das „Unperfekthaus" ist der Treffpunkt für Kreative, Kommunikative und Kontaktfreudige. Hier treffen Studenten auf Selbstständige, Künstler auf Softwarespezialisten, Spielefans auf Diskussionskreise, Arbeitsgruppen auf Cafébesucher. Die offene und kreative Atmosphäre im „Unperfekthaus" macht das Kontakteknüpfen zur leichten Übung. Also ein **Topziel für alle Aufgeschlossenen.**

Empfangen werden die Besucher im großzügigen Cafébereich im Erdgeschoss. Hier „kauft man sich ein": Der Eintritt von 6,90 Euro beinhaltet eine Flatrate für alle nichtalkoholischen Getränke. Egal,

wo man sich niederlässt, überall stehen Kühlschränke und Auto-
maten für Heißgetränke. Jeder nimmt sich etwas und so viel er
mag. Gegen einen Aufpreis gibt's auch Kuchen bzw. vegetarische,
vegane oder auch Fleischgerichte vom Buffet. So versorgt macht die
**Entdeckungsreise** durch die unzähligen Projekträume, Ateliers und
Sitzecken doppelt Spaß.

Die meisten Türen stehen allen offen. Es sei denn, eine Gruppe hat
sich zum konzentrierten Arbeiten zurückgezogen oder es findet
gerade ein geschlossenes Seminar statt. Mehr als 1440 Projekte
sind im Essener „Unperfekthaus" gemeldet. Manche treffen sich nur
monatlich, andere sind wöchentlich oder täglich dort.

Auch für Partys und Konzerte bietet das „Unperfekthaus" Raum und
Ausstattung. Wenn es nach der Jazzsession oder der Salsaparty zu
spät für die Heimfahrt geworden ist, stehen noch Betten im haus-
eigenen WG-Hotel für ganze Gruppen oder im dazugehörigen Hotel
in der Villa Vogelsang bereit.

**Romantik-Plus:** Auf der großzügigen Dachterrasse unter Palmen
den Sternenhimmel betrachten oder die Essener Skyline bewun-
dern! Über den Dächern der Ruhrmetropole kann man sich beim
Cocktail entspannt wegträumen, tief greifende Gespräche führen
oder auch mal Musikern lauschen. Wenn dann die Sonne hinter den
Häusern der Essener City verschwindet, geht jedem Ruhrgebietler
das Herz auf!

★ **Unperfekthaus Essen,**
**Friedrich-Ebert-Straße 18, 45127 Essen,**
**Tel. (02 01) 47 09 16-97, www.unperfekthaus.de,**
**Mo.-Do. 7-23, Fr.-Sa. 7-24, So. 8-23 Uhr**

# Music-Circus-Ruhr in Oberhausen

Zweimal im Jahr passiert etwas Mysteriöses in Oberhausen: Der „Music-Circus-Ruhr" materialisiert sich. Eigentlich ist der **Kultclub im Zirkuszelt** seit mehr als einem Vierteljahrhundert Geschichte. Zwischen 1987 und 1996 wurde in und an der Manege gefeiert und getanzt, bis die Sonne über dem Ruhrpott aufging. Damals stand das Zelt in direkter Nachbarschaft zum Niederrheinstadion, gleich an der Ruhr. 1996 wurden alle Zelte abgebrochen.

Aber es gibt Hoffnung für Fans der guten alten 1980er- und 1990er-Jahre-Discokultur: Zweimal im Jahr, am 30. April und am 31. Oktober, hebt sich der Vorhang für ein Revival des „Music-Circus". Für jeweils eine Nacht tritt das Partyvolk eine **Zeitreise** an. Denn hier ist alles so wie vor mehr als 25 Jahren: die Bar im Raubtierkäfig, die Tanzfläche in der Manege, die kleinen Sitzgruppen zum Ausruhen und Quatschen, der Bierpavillon – und natürlich die

Musik. Gespielt wird in erster Linie, was bis 1996 die Charts eroberte. Sogar das DJ-Team ist das alte. Einziges Zugeständnis: In der Gegenwart ist ein zweites Zelt mit einem weiteren Tanzbereich hinzugekommen.

Die Partys sind ideal für **Nostalgiker**. Hier trifft man Menschen, die in den 1980er- und 1990er-Jahren in der Partyszene des Ruhrgebiets unterwegs waren. Menschen, mit denen man Generation und Musikgeschmack teilt. Garantiert! Denn Zutritt zum „Tanz in den Mai"

und „Tanz in den November" haben nur Menschen „Ü 33". Über die **gute alte Zeit** mitsamt ihrer Musik lässt sich natürlich immer locker plaudern. Nette Kontakte ergeben sich da fast von selbst.

**Romantik-Plus:** Wem die nostalgische Zeitreise allein nicht romantisch genug ist, der sollte mal einen Blick aus dem Zelt riskieren. Der „Music-Circus-Ruhr" des aktuellen Jahrtausends befindet sich nämlich quasi auf historischem Boden: Das Zelt steht inmitten des Schulte-Ostrop-Parks. Hier residierte einst die gleichnamige Unternehmerfamilie und leitete eine der bekanntesten Brennereien der Region. Von den Anlagen und dem Herrenhaus ist heute zwar nichts mehr zu sehen, dafür ist der Park aber erhalten geblieben. Unter den 100 Jahre alten Bäumen stellen sich schnell romantische Gefühle ein. Loungezelte sorgen für eine entspannte Atmosphäre.

★ Music-Circus-Ruhr, Lindnerstraße 32 (Einfahrt von der Max-Eyth-Straße), 46149 Oberhausen, Tel. (02 08) 85 89 40, www.music-circus-ruhr.de, geöffnet zum Tanz in den Mai am 30. Apr. und zum Tanz in den November am 31. Okt.

# EVENTS ZUM VERLIEBEN

**Immer was los hier: Es gibt Tage, da scheint das ganze Ruhrgebiet unterwegs zu sein. Weil es eben Events gibt, zu denen man einfach hingehen muss. Weil sich dort ALLE treffen. Weil es so spannend ist. Weil man hier gern feiert. Und weil man immer jemanden trifft, den man kennt – oder den man kennenlernen möchte. Hier trifft man kommunikative, kontaktfreudige, kreative, fröhliche, direkte Menschen. Ein buntes Völkchen, wie es sich für das Ruhrgebiet gehört. Wär' doch gelacht, wenn da nicht der/die Richtige dabei wäre!**

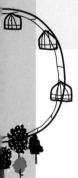

## Cranger Kirmes in Herne

Wer noch nicht auf Crange war, der war auch noch nicht im Ruhrgebiet. Schließlich können rund vier Millionen Besucher pro Jahr nicht irren, oder? Denn in Herne-Crange fällt alljährlich am ersten Freitag im August mit dem traditionellen Fassanstich der Startschuss für das größte Volksfest in Nordrhein-Westfalen. Rund 500 Schausteller bieten auf dem Kirmesplatz elf Tage lang **Nervenkitzel, Spaß und Trubel –** Rummel eben!

Es hat ein bisschen etwas von Oktoberfest, wenn im großen Zelt gefeiert wird. Traditionell holen sich die Veranstalter dafür prominente Gäste ins Ruhrgebiet: Jürgen Drews hat hier schon gesungen, ebenso Heino und Roberto Blanco. Aber Crange kann auch anders: Für die besondere Atmosphäre sorgen zahlreiche **Heckenwirt-**

**schaften.** Mit anderen Worten: In beinahe jedem Hinterhof oder Vorgarten rund um die Kirmesmeile sitzen Menschen beisammen, es gibt Gegrilltes, Bier und viele selbst gemachte Leckereien. Ein wenig fühlt man sich hier wie auf einer Grillparty mit Freunden – oder eben Menschen, die es vielleicht werden. Mitten im Rummel finden sich auf Crange lauschige Ecken zum Kennenlernen, Plaudern und Feiern.

Daneben erwartet Besucher natürlich die klassische **Kirmesromantik:** der Angebeteten eine Rose schießen oder ihr bei „Hau den Lukas" Stärke beweisen. Besonders romantisch wird es natürlich zum Höhepunkt der Cranger Kirmes: dem großen Feuerwerk am Kanal.

**Romantik-Plus:** Mit einem Picknick im Riesenrad kann man auf Crange dem/der Liebsten die Welt zu Füßen legen – und das sogar im wörtlichen Sinn. Unter den buchbaren Pauschalangeboten „Crange-Erlebnisse" findet sich eine ganz besonders romantische Idee: ein Picknick im Riesenrad. In einer Gondel mit Tisch fahren die Paare dem Himmel entgegen. Eine ganze Stunde lang genießen die Fahrgäste Häppchen und Getränke in luftigen Höhen. Sekt oder Prosecco gibt's auf Wunsch natürlich auch dazu. Allerdings sollte man schon schwindelfrei sein – mit flauem Gefühl im Magen wird der romantische Ausflug schnell zum Date-Desaster!

★ Cranger Kirmes, Herne-Crange, www.cranger-kirmes.de, jährl. Anfang Aug.; Crange-Erlebnisse „Picknick im Riesenrad" und „Kaffeeklatsch im Riesenrad" (buchbar für 2 bis 4 Personen), Infos und Buchung im Stadtmarketing Herne, Tel. (0 23 23) 9 19 05 14, tägl. außer zum Feuerwerk und zum Familientag, 35 € p. P. und 25 € p. P.

„Wie is?"
„Muss!"

# HENNES BENDER

**Comedian, Moderator, Hörspiel-
und Synchronsprecher aus Bochum
www.hennesbender.de**

**Wo ist das Ruhrgebiet am romantischsten und warum gerade dort?**

Die Ruhr zwischen Werden und Kettwig wird nicht umsonst der „Ruhrpott-Amazonas" genannt. Unberührte Natur in Verbindung mit ruhrgebietstypischer Campingidylle. Romantischer wird's nicht!

**Wie knüpft man als echter „Ruhri" am besten den ersten Kontakt?**

„Na, du alten Wemser!" sollte man nur unter alten Freunden sagen. Für Anfänger genügt ein „Wie is?". Antwort: „Muss!"

**Was war Ihr romantischstes Erlebnis im Ruhrgebiet?**

Die Frau meines Lebens kennenzulernen. In Wanne-Eickel!

**Das erste Date! Wie und wo beeindruckt man den Partner in spe?**

Mit Ortskenntnis und Charme. Also: „Wo gibbet die besten Pommes?", und dann die Zeche übernehmen!

**Wer ist für Sie das schönste Paar im Pott?**

Ich und meine Frau. Wir sind ein Paar. 'n Paar Bekloppte!

**Das Ruhrgebiet ist romantisch, weil ...**

... es wild ist und wuchert.

# Stadtwerke Sommerkino in Duisburg

Eine lauschige Sommernacht mitten im Ruhrgebiet, ein romantischer Film unter freiem Himmel – wenn's da nicht funkt ... Der Landschaftspark Duisburg-Nord bietet in jedem Sommer ein **extravagantes Ambiente** für den Ausgehklassiker „Kino". Wer das stillgelegte Stahlwerk schon einmal bei Nacht erlebt hat, verknüpft fortan den Begriff **Industrieromantik** mit dem schlafenden Koloss: von Grün überwucherte Schienen, schwarze Silhouetten riesiger Hallen, künstlerisch illuminierte Hochöfen, aber auch Vogelgezwitscher, Grillengezirpe und sattes Grün zwischen rostigen Trägern. Im Juli und August wird die imposante Gießhalle zum Freiluftkino. Große Blockbuster flimmern hier über die Leinwand – romantischer aber sind die Specials wie Stummfilmklassiker mit musikalischer Begleitung. Die Akustik in der heute offenen ehemaligen Gießhalle ist gut, die lauen Sommernächte tun ihr Übriges. Und sollte das Wetter mal nicht mitspielen: Das Sommerkino hat ein fahrbares Glasdach, das den Regen bei Bedarf aussperrt.
Insgesamt hebt sich hier an 40 Abenden der Vorhang für das cineastische Vergnügen. Ein Besuch lohnt sich aber auch ohne Kinoticket.

Denn im Außenbereich entsteht während des Filmfestes eine kleine Urlaubsinsel: Auf weißem Sand stehen Strandkörbe und Lounge-möbel, Livebands spielen auf, Cocktails werden gereicht. In dieser urlaubsähnlichen Atmosphäre kommt man schnell ins Gespräch, lernt nette Menschen kennen und kann einen entspann-ten Abend verleben. Und über der gesamten Szenerie liegt der Schimmer der Lichtinstallation von Jonathan Parks – einzigartig! Das **inspiriert:** Das Sommerkino hat schon so manchem Heirats-antrag das passende Ambiente geboten.

**Romantik-Plus:** Ein Besuch des Sommerkinos lohnt sich immer – große Gefühle kommen aber vor allem bei den Programmspecials auf. Denn neben den großen Blockbustern stehen in jedem Jahr auch cineastische Besonderheiten auf dem Programm. Etwas ganz Besonderes sind die Filmvorführungen mit Begleitung durch die Duisburger Symphoniker. Die Musiker haben hier beispielsweise schon Stummfilmklassiker wie Charlie Chaplins „Lichter der Groß-stadt" live begleitet. Ein ganz besonderes Erlebnis! Für das gesamte Programm gilt allerdings: Wer schauen möchte, muss schnell sein. Die Tickets für die gesamte Spielzeit sind meist innerhalb weniger Tage vergriffen.

★ Stadtwerke Sommerkino im
Landschaftspark Duisburg-Nord,
Emscherstraße 71, 47137 Duisburg,
Tel. (02 03) 28 54 73,
www.stadtwerke-sommerkino.de, jährl. Juli/Aug.,
Programm und Preise siehe
Internetseite

„Hömma samma womma nomma?"

# KAI MAGNUS STING

**Kabarettist, Autor
und Schauspieler aus Duisburg**
http://kaimagnussting.de/

## Wo ist das Ruhrgebiet am romantischsten und warum gerade dort?

Das Ruhrgebiet ist genau da am romantischsten, wo man es nicht erwartet. Das muss also nicht unbedingt der Baldeneysee an einem schönen Sommerabend sein, wenn man lecker auf einem Bänkchen sitzt. Das kann auch die Innenstadt von Castrop-Rauxel sein oder ein Taubenschlag in einer Zechensiedlung in Oberhausen-Eisenheim. Der Pott überrascht einen immer genau dann, wenn man am wenigsten damit rechnet. Und das liebe ich an ihm. Bei uns auf dem Balkon im Frühling, wenn der Garten blüht und neben mir sitzt meine ständige Begleiterin und wir beide sagen mal nix, sondern genießen einfach nur: Das ist am romantischsten.

## Wie knüpft man als echter „Ruhri" am besten den ersten Kontakt?

Bei uns im Ruhrgebiet kommt man immer und überall in Kontakt. Das kann im Supermarkt an der Käsetheke sein, wenn man den Ziegenkäse nicht findet, aber dringend welchen braucht, und der Leidensgenosse neben einem findet den auch nicht, und schon „bisse im Gespräch drinne". Da tauscht man bestenfalls Rezepte aus, schlimmstenfalls „krisse" die ganze Lebensgeschichte erzählt und kannst neben der Tiefkühltheke die Zelte aufschlagen. Das geht ganz schnell. Wenn einem der Leidensgenosse sympathisch ist, musse nur „wat draus machen". Oder im Ruhrpottexpress: in der S 1. Wer und was da alles jeden Tag mitfährt ... Da hast du schnell den Partner fürs Leben gefunden. Man muss nur genau hingucken und das dann auch erkennen und ihn oder sie ansprechen und die nächsten 30 Jahre (s. o.) „wat draus machen". Und das Schönste: Anmachsprüche brauchen wir nicht. Wir gucken uns einfach nur um und an, dann ist schon alles klar. Und wenn es hochkommt, sagen wir einfach nur „Hömma!", das lassen wir dann so stehen und die Perle oder der Kerl wissen sofort, was Ambach ist.

## Was war Ihr romantischstes Erlebnis im Ruhrgebiet?

Da gibt's einige Erlebnisse. Letzten Sommer waren meine ständige Begleiterin und ich im Open-Air-Kino im Landschaftspark. Dort vor der Vorstellung in Strandkörben im Sand sitzen, Currywurst essen, Pils dazu und später unter dem Sternenhimmel einen schönen Film gucken: Das ist großartig! Oder mit der Liebsten an der Ruhr auf einer Bank sitzen und aufs Wasser gucken … Einfach mal ausprobieren. Die Romantik kommt dann von ganz allein.

## Das erste Date! Wie und wo beeindruckt man den Partner in spe?

Ich habe mal für mein erstes Date gekocht. War dann auch gleichzeitig das letzte Date … Also: das mit Überzeugung machen, was man selbst mag. Auch wenn man auf den Gasometer steigt oder ins Bergbaumuseum fährt oder ins Stadion oder ins Planetarium … Auch wenn's dem anderen nicht gefällt … Wenn's der richtige Mensch ist, wird's passen. Und immer lieber ein Wort zu wenig als ein Wort zu viel. Aber das machen wir im Pott ja eh.

## Wer ist für Sie das schönste Paar im Pott?

Oppa und Omma. 70 Jahre verheiratet und nie ein böses Wort. Im Restaurant bestellt sie immer für ihn mit, aber immer das, was er nicht mag, er isst es aber, aber nicht aus Liebe, sondern aus Trotz. Und wenn er sagt: „Hol ma'n Bier", dann geht sie und holt es. Dafür geht er aussem Keller Kartoffeln holen. Muss man auch erst mal hinkriegen.

## Das Ruhrgebiet ist romantisch, weil …

… wer so spricht wie wir, der kann nur gerne lieben. Hömma samma womma nomma?

**Die „Gerechten unter den Völkern": Berthold und Else Beitz**

Berthold und Else Beitz gehören sicherlich zu den prominentesten Paaren der Region. Über Jahrzehnte haben sie erst das wirtschaftliche, gesellschaftliche und soziale Leben des Ruhrgebiets geprägt – und das, obwohl sie erst in den 1950er-Jahren hierherkamen. Zu diesem Zeitpunkt hatten sie bereits geleistet, was sie als „Gerechte unter den Völkern" auszeichnete: Gemeinsam retteten sie während des Zweiten Weltkrieges mehreren Hundert jüdischen Zwangsarbeitern in Galizien das Leben. Beitz stufte sie als unentbehrlich für das Erdölunternehmen ein, für das er dort arbeitete.

Nach Kriegsende holte ihn der Industrielle Alfred Krupp nach Essen und machte ihn zum Generalbevollmächtigten seines Unternehmens. Er fädelte auch die Fusion mit Thyssen ein. Später verwaltete Beitz das Erbe des Industriellen als Vorsitzender der Krupp-Stiftung.

2013 starb Berthold Beitz mit 99 Jahren, seine Frau folgte ihm rund ein Jahr später.

**Das politische Paar: Franz und Michelle Müntefering**

Politprominenz aus Herne: Der ehemalige Vizekanzler und Bundesminister Franz Müntefering lebt heute im Ruhrgebiet. Zusammen mit seiner dritten Ehefrau Michelle hat er eine Adresse in Herne – denn hier ist auch der Wahlkreis der SPD-Bundestagsabgeordneten. Dass das Ehepaar trotz aller Zurückhaltung auch immer mal wieder auf den Seiten der Hochglanzmagazine auftaucht, liegt wohl vor allem am großen Altersunterschied. Die gebürtige Ruhrgebietlerin Michelle Müntefering ist immerhin knapp 40 Jahre jünger als ihr Mann.

## Sunset Picknick Halde Hoheward in Herten

Wenn die Sonne glühend über dem Ruhrgebiet untergeht und die Halde Hoheward in sanftes Licht taucht, dann schlägt das Herz jedes Romantikers höher. Vom Plateau des mehr als 150 Meter hohen künstlichen Bergs schweift der Blick über ein einmaliges **Ruhrgebiets-panorama**. Mitten im Landschaftspark Hoheward an der Stadtgrenze Herten/Recklinghausen gelegen, bietet die Halde bei klarem Wetter Ausblicke bis nach Dortmund, Gelsenkirchen oder auch Essen. Wie viele Halden der Region ist Hoheward ausgebaut, begrünt und für jedermann zugänglich. Als Landmarke und Wahrzeichen steht sie für den Landschaftspark Hoheward, zu dem auch die Halde Hoppen-bruch und die ehemalige Zeche Ewald in Herten gehören. Um mal im Superlativ zu sprechen: Dies ist die größte zusammenhängende Haldenlandschaft der Region. Ein Grund mehr, warum man mindestens einmal auf dem Plateau gestanden haben muss!
Und noch etwas qualifiziert Hoheward zum romantischen Ort: **Hier treffen sich Himmel und Erde.** Denn auf dem Gipfel thronen ein Horizontobservatorium und eine Sonnenuhr. Und weil man es ja bekanntlich wie Letztere halten soll, zählen auch hier oben nur die schönen Stunden: Mach' es wie die Sonnenuhr, zähl' die heit'ren Stunden nur!
Einmal im Jahr wird Hoheward außerdem zum Hotspot für Party-gänger: Seit einigen Jahren richtet der Regionalverband Ruhr (RVR)

hier im Sommer das Sunset Picknick aus. Im Rahmen des Erlebnisprogramms Emscher Landschaftspark wird die Halde zum **Treffpunkt für Partygänger und Tanzwütige** aus der ganzen Region. Das Plateau an der Sonnenuhr verwandelt sich dafür in eine Tanzfläche unter freiem Himmel. Bekannte DJs wie Phil Fuldner, Ante Perry oder Klangbausteine verwandeln die Halde in eine Open-Air-Tanzfläche. Von Mittag bis zum späten Abend wird gefeiert, geredet und entspannt gepicknickt. Über die gesamte Halde verteilt lassen sich kleine Grüppchen nieder, lauschen den elektronischen Klängen, genießen den einmaligen Ausblick und das laue Sommerwetter. Selten ist es leichter, mit netten Menschen in Kontakt zu kommen – und selten ist die Kulisse schöner.

**Romantik-Plus:** Den Sonnenuntergang vom Haldenplateau aus beobachten. Am besten eine eigene Decke mitbringen, sich ein schönes Plätzchen sichern und abwarten. Achtung: Alkohol darf zum Sunset Picknick nicht mitgebracht werden.

★ Halde Hoheward im Landschaftspark Hoheward, Besucherzentrum: Werner-Heisenberg-Straße 14, 45699 Herten, Tel. (0 23 66) 18 11 60, www.landschaftspark-hoheward.de, Di.–So. 10–18 Uhr, Mo. geschl.; Sunset Picknick im Rahmen des Erlebnisprogramms Emscher Landschaftspark, jährl. im Sommer, Eintritt frei, Infos auf der Internetseite oder unter www.metropoleruhr.de

# ExtraSchicht – die lange Nacht der Industriekultur im Ruhrgebiet

Was die **Mittsommernacht** für die Schweden ist, das ist die lange Nacht der Industriekultur für die Menschen im Ruhrgebiet: Am letzten Samstag im Juni ist beinahe die gesamte Region auf den Beinen. Alte Fabriken verwandeln sich in Bühnen, Straßenkünstler beleben ausgediente Industrieanlagen, Lichtinstallationen rücken Fördertürme in neues Licht, Musik hallt über stillgelegte Zechen. Seit mehr als 15 Jahren feiert das Ruhrgebiet mit der ExtraSchicht seine Industriekultur. Jedes Jahr machen sich bis zu 200.000 Menschen auf zu einer kulturellen **Reise durch die Nacht.** Die Atmosphäre ist gelöst, die Menschen sind offen und interessiert. Eine gute Nacht, um neue Bekanntschaften zu schließen!

Rund 20 Städte beteiligen sich jedes Jahr mit einem opulenten Kulturprogramm an bis zu 50 Spielorten. Zwischen 18 und 2 Uhr locken überall Veranstaltungen und Programme. Vom Klavierkonzert im Stahlwerk über Luftakrobatik am Hochofen oder Lesungen auf der Zeche bis hin zum Science Slam in der Jahrhunderthalle – in dieser Nacht vibriert die Luft im Ruhrgebiet. Überall ist **Leben, Licht, Kultur und Kommunikation.** Überall kommen die Besucher miteinander ins Gespräch: an den Spielorten der ExtraSchicht, bei Vorführungen und Konzerten, während der Führungen oder auch in den Shuttlebussen, die die Spielorte miteinander verbinden. So viele Eindrücke – da hat jeder etwas zu erzählen.

Im Internet können Besucher ihre Nacht der Industriekultur individuell planen, Merkzettel anlegen und Verbindungen checken. Wer es sich noch bequemer machen möchte, kann auch eine VIP-Tour per Reisebus buchen. Als „Pauschaltourist" ist der Gruppenanschluss garantiert. Bei der Fülle des Angebots fällt die Auswahl schwer, aber es empfiehlt sich, nur wenige Ziele anzusteuern und hierbei ganz nach individueller Vorliebe oder Stimmung zu entscheiden: Party an einer der stark frequentierten Drehscheiben oder ein entspannter Abend an einem Nebenschauplatz? Kultur oder Comedy? Schauen und genießen oder selbst aktiv werden? Feuerwerk oder Lichtinstallation? Werksführung oder Lesung? In dieser Nacht ist **alles möglich.**

**Romantik-Plus:** Einen beeindruckenden Ausblick bietet die Panoramaterrasse im Nordsternturm in Gelsenkirchen. Der Nordsternpark gehört zu den traditionellen Spielorten der ExtraSchicht. In jedem Jahr erwartet die Besucher hier ein vielfältiges Programm. Meist gibt es auch Lichtinszenierungen, Lasershows oder Feuerwerke. Die beste Aussicht auf das Spektakel im Landschaftspark rund um die ehemalige Zeche Nordstern haben Gäste von der Turmterrasse in 83 Metern Höhe. In den Blick kommen hier außerdem Rhein-Herne-Kanal und Emscher, die den Park durchziehen, beleuchtete Brücken, das Amphitheater und das illuminierte Parkhotel. Oberhalb der Plattform erhebt sich das überdimensionale Herkuleskunstwerk von Markus Lüpertz.

★ ExtraSchicht – Die Nacht der Industriekultur, c/o Ruhr Tourismus GmbH, Tel. (0 18 06) 18 16 50 (0,20 €/pro Anruf aus dem deutschen Festnetz; Mobilfunkpreise max. 0,60 €/pro Anruf), www.extraschicht.de, am letzten Wochenende im Juni, Tickets ab 17 €

## Ruhr in Love in Oberhausen

Sommer, Liebe, Musik, Menschen, die fröhlich und friedlich miteinander feiern – nein, hier ist nicht die Rede von Woodstock! Denn das Ruhrgebiet hat sein eigenes **Fest der Liebe:** Ruhr-in-Love. Seit 2003 lädt Oberhausen zum Elektro-Musikfestival. Jedes Jahr im Sommer verwandelt sich der OLGA-Park in Oberhausen in eine gigantische Partyzone. Auf dem Gelände der ehemaligen Landesgartenschau feiern meist mehr als 40.000 gut gelaunte Menschen das „elektronische Familienfest", wie es die Macher selbst nennen. Dabei sagt der Name schon, worum es geht: um Liebe nämlich! Das Partyvolk liebt die Musik, das Leben, den Sommer, das Ruhrgebiet ... und bestimmt auch den Nächsten und die Nächste! Ein perfekter Anlass und ein grandioser Ort also, um die Liebe zu feiern. Eine Einladung zu Ruhr-in-Love kann der oder die Angebetete eigentlich kaum falsch verstehen.

Sicher: Mehr als 40.000 Menschen, 40 Dancefloors mit mehr als 400 DJs und zehn Stunden Musik – das empfindet nicht jeder als romantisch. Aber es sind Stimmung und Atmosphäre, die das Elektro-Festival zu einem Event mit und fürs Herz machen. Ein

Sommertag unter gut gelaunten jungen Menschen inmitten grüner Wiesen und unter freiem Himmel kann der geplanten Zweisamkeit schon auf die Sprünge helfen. Auch wer ohne Begleitung zum Festival kommt, hat gute Chancen, denn der **Flirtfaktor** bei Ruhr-in-Love ist laut Veranstalter hoch. Immer wieder hören sie von Menschen, dass sie ihren Traummann oder ihre Traumfrau während der Musikparty kennengelernt haben.

Der OLGA-Park trägt natürlich seinen Teil zur entspannten Atmosphäre bei. 1999 war das Gelände der ehemaligen Zeche und Kokerei Osterfeld Schauplatz der Landesgartenschau. Roncalligründer Bernhard Paul erdachte damals unterschiedliche Themengärten und belebte sie mit Aktionen, Künstlern und Gauklern. Danach blieb das weitläufige Gelände zwischen Emscher und Autobahnen, nahe der Stadtgrenze zu Bottrop auf der einen und zur Einkaufsmeile CentrO auf der anderen Seite, für Besucher zugänglich. Gestalterisch erinnert der Landschaftspark noch heute an das industrielle Erbe. Spielplätze liegen auf den Grundrissen ehemaliger Zechengebäude, Wege, Dämme und Wasserläufe ahmen die Architektur und den Gleisverlauf auf der alten Zeche nach. Zu sehen sind noch der Förderturm, das Steiger- und das Pförtnerhaus. Heute aber ist alles grün. Wege, Wiesen und Hügel laden zu Spaziergängen und zum Sonnetanken ein. Besondere Brückenbauwerke und Wasserläufe locken auf Entdeckungsreisen. Eine **Zeche in Grün** sozusagen.

**Romantik-Plus:** Abstand finden Partygänger auf dem 16 Meter hohen Aussichtsturm im südwestlichen Teil des OLGA-Parks.

★ Ruhr-in-Love, OLGA-Park, Vestische Straße 45, 46117 Oberhausen, www.ruhr-in-love.de, jedes Jahr im Juni oder Juli, Tickets ab 28 €

# TIPPS VON „GESICHTERLESER" UND COACH DIRK W. EILERT:

Dirk W. Eilert ist der „Gesichterleser": Er hat die Mimikresonanz-Methode entwickelt, leitet die Eilert-Akademie für emotionale Intelligenz in Berlin und ist Autor mehrerer Veröffentlichungen zum Thema Mimik. Unter anderem von ihm erschienen: „Der Liebes-Code – Wie Sie Mimik entschlüsseln und Ihren Traumpartner finden".

 **Kennenlernen: was über den Erfolg des ersten Augenblicks entscheidet**

Sie haben einen aussichtsreichen Ort oder eine Singleparty ausgewählt, um Kontakte zu knüpfen? Dann stellt sich jetzt die Frage: Welche nonverbalen Signale erhöhen die Wahrscheinlichkeit, um in der Liebe zu punkten? Studien haben gezeigt, dass es beim Flirten auf drei Botschaften ankommt.

 **1. »Hier bin ich«: Zeigen Sie Präsenz, um Aufmerksamkeit auf sich zu ziehen**

Egal, was Sie tun, es bringt nichts, wenn niemand Sie wahrnimmt. Am leichtesten machen Sie auf sich aufmerksam, indem Sie sich bewegen. Wir nehmen evolutionsbedingt bewegte Dinge eher wahr als unbewegte, denn schon in der Steinzeit konnten schnelle Dinge, die zum Beispiel auf uns zufliegen, Gefahr bedeuten. Tipp: Bewegen Sie sich, indem Sie zum Beispiel einfach an der Frau oder dem Mann Ihrer Träume vorbeigehen und so durch das Blickfeld der Person laufen. Wenn Sie zu zweit unterwegs sind, unterhalten Sie sich bewusst über Themen, die Sie interessieren und bei denen Sie emotional beteiligt sind, dadurch verstärkt sich automatisch Ihre Mimik und Körpersprache. Dies erregt nicht nur Aufmerksamkeit, sondern lässt Sie, wie Studien gezeigt haben, als netter Nebeneffekt auch noch attraktiver wirken.

### 2. »Ich bin attraktiv«: Verstärken Sie Ihre Anziehungskraft

Neben statischen Elementen – wie zum Beispiel unseren Gesichtszügen oder dem Körperbau – beeinflusst auch die Mimik unsere Wirkung auf andere. Dabei ist besonders ein Gesichtsausdruck sehr wirkungsvoll: das Lächeln. Es sorgt nicht nur dafür, dass wir als intelligenter, attraktiver und zugänglicher eingeschätzt werden. Es lädt andere Menschen auch ein, näher zu kommen, da es Offenheit und Freundlichkeit vermittelt. Diese Wirkung können Sie noch verstärken: Nehmen Sie lächelnd mit leicht zur Seite geneigtem Kopf Blickkontakt zu Ihrer „Zielperson" auf. Das hat einen direkten Effekt auf die Hormonwelt Ihres Gegenübers: Schauen wir in ein attraktives Gesicht, das uns anschaut, wird in unserem Gehirn das Belohnungszentrum aktiviert, das Glückshormon Dopamin flutet unsere Blutbahn. Die Folge ist ein angenehmes Kribbeln.

### 3. »Ich bin harmlos«: Zeigen Sie, dass Sie ungefährlich sind

Wenn wir fremden Personen begegnen, gibt es für unser limbisches System – ebenfalls bedingt durch die Evolution – eine entscheidende Frage: Freund oder Feind? Auf Flirtsituationen übertragen, lautet diese Frage: Wird die Annäherung vom anderen gewünscht oder muss ich befürchten, dass ich abgewiesen werde? Viele Menschen haben Angst vor einer Zurückweisung. Senden Sie also Signale aus, die Sie ungefährlich wirken lassen. Lächeln und vermehrter Blickkontakt sind Zeichen, die einladend wirken, weil sie genau dies vermitteln. Das Gleiche gilt für eine offene Körperhaltung, bei der die mittlere Körperachse frei zu sehen ist.

 **Übrigens:**

Verbringen Sie den Abend auf der Party nicht damit, sich den Kopf über den ausgefallensten Anmachspruch zu zerbrechen. Der wirkungsvollste Anmachspruch ist simpel. Ein einfaches „Hallo, ich bin …" hat die größten Erfolgschancen.

Zeit zu zweit:

# BEEIN-
# DRUCKEN

# BEEINDRUCKEN

Der Ort für ein Date – vor allem für das erste –
will gut gewählt sein. Es sollte dort nicht zu laut, aber auch
nicht zu leise sein. Nicht zu voll, aber auch nicht menschenleer.
Gar nicht so einfach also. Vielleicht klappt's mit diesen Tipps:

💗 Ein öffentlicher Ort macht das Treffen für beide
zur sicheren Sache. Allerdings sollte es nicht zu laut oder
überfüllt sein, schließlich will man sich ja auch unterhalten.
Eine Disco wäre also nicht unbedingt erste Wahl ...
Eine entspannte Wohlfühlatmosphäre ist dabei Pflicht,
sonst gerät das Gespräch schnell ins Stocken.

💗 Ein bisschen Action, ein ausgefallener Ort oder eine
witzige Aktivität kommen ebenfalls immer gut an und helfen,
das Eis zu brechen. Im besten Fall sollte das Date unvergesslich für beide
sein. Das geht am besten, wenn man gemeinsam so richtig was erlebt.

💗 Und natürlich ist ein bisschen Angeben erlaubt – vielleicht
mit herausragendem Wissen oder auch mit besonderen Fertigkeiten.
Allerdings sollte das nur sehr dosiert eingesetzt werden –
schließlich will niemand einen Aufschneider daten.

💗 Ein Joker fürs gelungene Date: Kultur. Der gemeinsame Besuch
im Theater, Museum oder der Ausstellung demonstriert die
eigene Ernsthaftigkeit, schafft im besten Fall Nähe durch ähnliche
Vorlieben und garantiert ein durchgängiges Gesprächsthema.

# FÜR FEINGEISTER:
# BEEINDRUCKEN MIT KULTUR

## Ronaldo und Julia im Mondpalast von Wanne-Eickel

**Von wegen Verona:** Die wohl bekannteste Liebesgeschichte der Welt spielt eigentlich in Wanne-Eickel. Aus „Romeo und Julia" werden im Ruhrgebiet einfach „Ronaldo und Julia", aus den verfeindeten Familien Montague und Capulet stilecht Montakowski und Kapulinski – schon passt das Liebesdrama in den Pott. Mit dem Stück eröffnete Prinzipal Christian Stratmann im Jahr 2004 seinen Mondpalast von Wanne-Eickel. Seitdem steht die Liebesgeschichte

immer wieder auf dem Programm. „Ronaldo und Julia" ist das meistgespielte und erfolgreichste Stück in der mehr als zehnjährigen Geschichte des Volksheaters nach dem Vorbild von Ohnsorg oder Milowitsch. Prominente Gastdarsteller wie zum Beispiel der ehemalige Schalkemanager Rudi Assauer oder Sportreporter Werner Hansch unterstützten das Stammensemble im Laufe der Jahre.

Was bei Shakespeare tragisch daherkommt, kitzelt im Ruhrgebietsvolkstheater eher die Lachmuskeln. **Ideale Kulturkost** also für einen beschwingten Abend zu zweit – und ein Test, ob die Partner in spe humoristisch auf einer Wellenlänge liegen. Denn was ist romantischer, als gemeinsam zu lachen? Die plüschige Atmosphäre des ehemaligen Saalbaus mit den **samtigen Sesseln,** dem schweren Bühnenvorhang und der dezenten Beleuchtung tut ihr Übriges. Wenn das zwischenmenschliche Eis nach einem solchen Abend nicht gebrochen ist, dann wird's wohl nichts mehr …

Die klassische Liebesgeschichte liest sich in der Ruhrpottversion übrigens so: Die Montakowskis und die Kapulinskis betreiben ihre Kneipen mitten im Ruhrgebiet, Tür an Tür. Dabei sind sie sich alles andere als nachbarschaftlich zugetan, um nicht zu sagen: spinnefeind. Denn die Familien hängen unterschiedlichen „Glaubensrichtungen" an: Schalke und Dortmund! Als sich die Sprösslinge beider Familien ineinander verliebten, nimmt der Ärger natürlich seinen (vergnüglichen) Lauf.

Zum Mondpalast gehört übrigens auch ein Restaurant, die **Palast-Kantine.** Hier gibt's nicht nur „oaginaal Körriwuast" und „Ruhrpott-Tapas" (Butterbrote), sondern auch Gerichte für den verwöhnteren Gaumen. Besonderes Schmankerl für Romantikfans ist die Aussicht: Eine große Fensterfront gewährt den Blick ins Grüne – und das mitten in der Stadt. Denn Theater und Restaurant liegen direkt am grünen Stadtgarten.

**Romantik-Plus:** Wer seiner oder seinem Angebeteten zeigen will, dass er etwas ganz Besonderes ist, kann den VIP-Service des Mondpalastes in Anspruch nehmen. Im Anschluss an das Theaterprogramm gibt es ein Meet-and-greet mit den Künstlern. Ein Gläschen Sekt, ein Gruppenbild mit dem Ensemble und Autogramme sind inklusive. So wird das Date garantiert zum unvergesslichen Abend!

★ Mondpalast von Wanne-Eickel,
Wilhelmstraße 26, 44649 Herne,
Tel. (0 23 25) 58 89 99,
www.mondpalast.com, Programm und Preise
siehe Internetseite, Preis für VIP-Arrangement
9,90 Euro zzgl. Eintrittskarte

„Wer sich da nicht verliebt, ist selbes inschuld"

# CHRISTIAN STRATMANN

Prinzipal des Mondpalast von
Wanne-Eickel und des RevuePalast Ruhr in Herten

## Wo ist das Ruhrgebiet am romantischsten und warum gerade dort?

Am romantischsten ist es im RevuePalast Ruhr auf der ehemaligen Zeche Ewald in Herten. Durch die Mischung aus historischem Charme und schillernder Moderne entsteht eine unvergleichliche Atmosphäre. Alle Shows drehen sich nur um ein Thema: die Liebe. Es glitzert und funkelt und prickelt, da schwebt man garantiert auf Wolke sieben.

## Wie knüpft man als echter „Ruhri" am besten den ersten Kontakt?

Liebe geht durch den Magen, auch im Mondpalast. Unser Marcello aus der Komödie „Othello, der Schwatte von Datteln" macht es deshalb genau richtig: „Diese Apfelsine isse spitze! Isse spitze wie schönste Frau!"

## Was war Ihr romantischstes Erlebnis im Ruhrgebiet?

Als Bergmann Fritz in „Wat ne herrliche Welt" nach 60 Jahren unter Tage in (der Zeche) „Unser Fritz" wieder die Sonne über dem Ruhrgebiet sah.

## Das erste Date! Wie und wo beeindruckt man den Partner in spe?

Erst ein kleiner Spaziergang durch den Wanne-Eickeler Volkspark. Von dort aus sind es dann nur ein paar Schritte in den Mondpalast – und dort gibt es so viele Liebesgeschichten, die den Partner in spe mit Sicherheit beeindrucken.

## Wer ist für Sie das schönste Paar im Pott?

„Ronaldo und Julia", denn sie beweisen, dass wahre Liebe alle Grenzen überwinden kann – sogar im Fußball.

## Das Ruhrgebiet ist romantisch, weil …

… es hier den Mondpalast und den RevuePalast gibt. Hier spielen die schönsten Liebesgeschichten, gespickt mit ein bisschen Erotik und nackter Haut. Wer sich da nicht verliebt, ist „selbs inschuld"!

# Roy-Black-Museum in Dortmund

**„Ganz in Weiß"** von Roy Black gehört zu den erfolgreichsten deutschen Liebesliedern der vergangenen Jahrzehnte. Heutige Eltern- und Großelterngenerationen haben sich schon zu den Schlagerklängen verliebt in die Augen geschaut. 1966 wurde Roy Black, bürgerlich Gerhard Höllerich, mit dem Titel berühmt. 2,5 Millionen Mal verkaufte sich die Single. Für Roy Black markierte sie den Beginn einer großen Karriere als Sänger und Schauspieler – und natürlich auch als Frauenschwarm. Auch heute noch, mehr als 25 Jahre nach seinem Tod, ist der Name Roy Black Garant für Herzklopfen und Romantik. Im Ruhrgebiet kann man dem smarten Künstler noch nahekommen. Im Dortmunder Süden, ganz in der Nähe des Schwerter Waldes, hatte Roy Black sich einen Rückzugsort eingerichtet. In der Dachgeschosswohnung des befreundeten Ehepaares Tiemann fand er Ruhe und Abgeschiedenheit. Mehr als 20 Jahre lebte der Star hier – unerkannt und unbehelligt von Fans und Medien. Die rund 60 Quadratmeter große Wohnung war seine zweite Heimat. Nach seinem plötzlichen Tod beschlossen die Tiemanns, das Andenken an ihren Freund Roy Black zu bewahren und ihre Erinnerungen zu teilen. Die Wohnung ist bis heute unverändert: Die Anzüge des Künstlers hängen im Schrank, sein Rasierwasser steht im Bad. Im Wohnzimmer stapeln sich die Masterbänder seiner Songs, an der Wand hängt ein Starschnitt. In der Ecke steht ein Sessel, in dem Roy Black entspannte, wenn er den Star abgelegt hatte und einfach

Gerhard Höllerich war. Zugänglich ist die Wohnung nur nach vorheriger Absprache mit Irmgard und Friedhelm Tiemann. Als Freunde und enge Vertraute des Sängers sind sie so etwas wie das **lebende Archiv** der Pilgerstätte. Geschichten und

Anekdoten aus einer jahrzehntelangen Freundschaft, Einblicke in das Leben des Sängers und Erinnerungen von gemeinsamen Reisen begleiten den Rundgang.

Nebenan haben Friedhelm und Irmgard Tiemann zudem ihr Archiv untergebracht. Hier sind zum Beispiel die goldenen Schallplatten, die BRAVO-Ottos und die Goldenen Stimmgabeln aus der Karriere Roy Blacks zu bestaunen. Daneben gibt es natürlich Autogrammkarten und **Erinnerungsstücke** wie den Plüschbären, den der Star einst vom damaligen Berliner Bürgermeister Richard von Weizsäcker bekam. Im Flur hängt ein Wandteppich mit dem Konterfei des Künstlers, handgeknüpft von einem Fan. In fast 60 Ordnern haben die Tiemanns zudem Berichte und Fotos über ihren Freund gesammelt.

Bis zu dreimal pro Woche öffnen die Dortmunder ihr Haus für Fans und Bewunderer. Viele Besucher sind schon Stammgäste. Da werden dann auch mal bei Kaffee und Kuchen Erinnerungen ausgetauscht.

**Romantik-Plus:** Gleich am Rande der Siedlung im Dortmunder Süden beginnt der Schwerter Wald. Schon Roy Black hat hier gern die Natur genossen. Ein ausgedehnter Spaziergang unter den wiegenden Baumwipfeln ist ein perfekter Abschluss für einen romantischen Ausflug. Wer dann noch ein Liebeslied zum Besten geben kann, hat schon ein Herz gewonnen.

★ Roy Black Archiv, Irmgard und Friedhelm Tiemann, Maulwurfsweg 45, 44267 Dortmund, Tel. (02 31) 48 40 46, http://home.arcor.de/royblackarchiv, Besuch nur nach telefonischer Absprache, Eintritt frei

# Schlosspark Weitmar in Bochum

Wie wäre es mit einem ausgedehnten Spaziergang in einem der ältesten Parks des Ruhrgebiets? Der Schlosspark im Stadtteil Weitmar geht zurück auf ein Rittergut, das in der zweiten Hälfte des 15. Jahrhunderts entstand. (Achtung: Dieses Wissen könnte man an geeigneter Stelle charmant einfließen lassen!) Später residierte hier Johann von Hasenkamp in einem Herrenhaus. Heute erinnern die Ruinen des herrschaftlichen Hauses an die Geschichte des Parks. Die Anlage mit ihren zum Teil Jahrhunderte alten Bäumen eignet sich gut für einen trauten Spaziergang. Der Blick durch das grüne Dickicht auf das ehemalige Herrenhaus hat schon beinahe etwas **Mystisches,** romantisch ist der Blick in jedem Fall – vor allem, wenn die Sonne ihre Strahlen durch die dichten Baumkronen wirft. Auch einen Teich gibt es, an dessen Ufer Spaziergänger rasten können. Richtig beeindruckend wird der Park aber durch seine künstlerische Seite. Hier hat nämlich auch die „Situation Kunst" ihre Heimat. Inmitten der Ruine des alten Rittersitzes erhebt sich ein gläserner Kubus, in dessen Innerem ein Teil der Kunstsammlungen der Ruhr-Universität Bochum ihren Platz gefunden hat. Er bietet Raum für Wechselausstellungen oder Veranstaltungen und beherbergt Büros, Lager und Gästeapartments für Künstler und Wissenschaftler. Weitere sogenannte **Raumkunst** hat rund um die Ruine ihren Platz gefunden. Für jedes der Kunstwerke wurde ein eigener Pavillon geschaffen. Man kann also ganz in Ruhe von Kunstwerk zu Kunstwerk schlendern. Zwischen den „Kunsträumen" sind auch immer wieder Skulpturen unter freiem Himmel zu entdecken. Zu sehen sind z. B. Arbeiten amerikanischer Gegenwartskünstler

wie Richard Serra. Zwei weitere Ausstellungsbereiche im Inneren des Museums befassen sich mit afrikanischer und asiatischer Kunst. Erst Ende 2015 wurde ein weiterer Teil der „Situation Kunst" eröffnet – das Museum unter Tage, kurz MuT. In den u**nterirdischen Ausstellungsräumen** finden die Dauerausstellung „Weltsichten – Landschaft in der Kunst seit sechs Jahrhunderten" sowie verschiedene Wechselausstellungen Platz. Immerhin erstreckt sich dieser Teil des Museums unter der Oberfläche auf 1350 Quadratmetern.

Wer also als Kunstkenner und Feingeist punkten will, findet im Schlosspark Weitmar das passende Ambiente. Hand in Hand unter schattigen Bäumen von Kunstwerk zu Kunstwerk spazieren, angeregte Unterhaltungen über Kunst, danach vielleicht ein romantisches Essen – so sieht ein perfektes Date aus. Für den Besuch der „Situation Kunst" sollte man allerdings ausreichend Zeit einplanen. Es lohnt sich auch, sich im Vorfeld ein wenig über die Künstler zu informieren – so klappt es sicher mit dem Beeindrucken.

**Romantik-Plus:** Im nordwestlichen Bereich des Schlossparks Weitmar gibt es ein weiteres romantisches Ziel: die Sylvesterkapelle. Von der vermutlich im 11. Jahrhundert erbauten kleinen Kirche ist ebenfalls nur noch eine Ruine übrig – doch gerade das hat seinen Reiz. Die Reste der kleinen Kirche sind heute denkmalgeschützt und begehbar. Zu sehen sind z. B. einige Grabplatten aus dem Umfeld der Kapelle, ein gotisches Portal und der Eingang zu einer nicht begehbaren Gruft.

★ Schlosspark Weitmar, Hattinger Straße, 44795 Bochum

★ Situation Kunst, Nevelstraße 29c (im Parkgelände von Haus Weitmar), 44795 Bochum, Tel. (02 34) 3 22 85 23, www.situation-kunst.de, Mi.–Fr. 14–18, Sa., So. u. Feiertage 12–18 Uhr, Eintritt frei (Museum unter Tage: 5 €)

„…. Und?"

# HELMUT
# SANFTENSCHNEIDER

„Ruhrpott-Banderas", Comedian und Musiker aus Bochum
www.sanftenschneider.com, www.nachtschnittchen.de

## Wo ist das Ruhrgebiet am romantischsten und warum gerade dort?

Jedes Jahr im Frühling, so Mitte April, ist es bei mir und meiner Frau Tradition, dass wir an einem Tag über die Grummer Straße zur Herner Straße in Bochum fahren. Zu dieser Zeit blühen dort rechts und links 50 Meter lang Kirschbäume in einem wunderbar strahlenden, leuchtenden Rosa. Für uns sind das „Wunschbäume" und während wir, mittlerweile zusammen mit unseren Kindern, unter ihnen durchfahren, darf sich jeder etwas wünschen. Und was soll ich sagen, bei mir ist bisher alles, was ich mir an diesem Ort gewünscht habe, in Erfüllung gegangen. Probiert's mal aus!

## Wie knüpft man als echter „Ruhri" am besten den ersten Kontakt?

Um Kontakt zu knüpfen, ist man als Ruhrpottler ein wahrer Poet. Wenn jemand einsam an der Theke steht, gesellt man sich zu ihm/ihr, bestellt sich möglichst das gleiche Getränk, prostet kurz zu, ehe dann die alles entscheidende Frage kommt: „... Und?"

# Tüshaus Mühle in Dorsten

Es klappert die Mühle am rauschenden Bach ... Stundenlang könnte man vor der **idyllischen Kulisse** der fast 400 Jahre alten Tüshaus Mühle in Dorsten sitzen und dem Plätschern zuhören – wenn das Denkmal in Betrieb ist. Denn die historische Wassermühle ist seit den 1970er-Jahren quasi in Rente und zeigt nur noch zu besonderen Gelegenheiten wie dem Tag des offenen Denkmals oder dem Mühlenfest, was sie kann. Das tut der Idylle jedoch keinen Abbruch. Denn gleich hinter dem Gemäuer rauscht der dichte Wald der Üfter Mark. Rund 1700 Quadratmeter Natur erstrecken sich zwischen dem nordwestlichen Ruhrgebiet und dem Westmünsterland, Naturschutzgebiet inklusive. Wie es sich für eine Wassermühle gehört, plätschert auch ein Bach vorbei: Der Hambach trieb das große Mühlrad einst an. Wenn dann noch Entenfamilien auf dem Mühlteich ihre Runden drehen, ist die romantische Kulisse fürs Date perfekt.

Um der Verabredung noch den richtigen **kulturellen Schliff** zu geben, bietet sich eine Führung an. Denn die Tüshaus Mühle hat eine bewegte Geschichte: Bereits um 1900 erzeugte das Mühlrad Strom. Ursprünglich wurde das Gemäuer als Walkmühle zur Filzherstellung eingerichtet, später presste ein zweites Mühlrad aber auch Rapsöl

und ein drittes mahlte Korn. Von Letzterem zeugt ein Backhaus, in dem auch heute noch zu besonderen Terminen Brot gebacken wird. Ein Förderverein kümmert sich um den Erhalt des historischen Erbes und organisiert auch Führungen. Zwischen Frühjahr und Herbst steht die Tür an jedem ersten und dritten Sonntag im Monat für alle offen. Daneben können beim Verein auch Führungen außerhalb der Öffnungszeiten vereinbart werden.

**Romantik-Plus:** Hirsch und Reh fühlen sich in der Üfter Mark besonders wohl. Das Waldgebiet ist einer der bevorzugten Lebensräume des heimischen Rotwilds. Der Regionalverband Ruhr (RVR), dem das Waldgebiet gehört, hat eigens Wildbeobachtungsstationen eingerichtet, damit man einen Blick auf die majestätischen Tiere erhaschen kann. Ein „Hirschpfad" verbindet die Stationen. Eine (sogar barrierefreie) Station befindet sich in fußläufiger Nähe zur Tüshaus Mühle. Wer also gern eng aneinandergekuschelt und still ausharrt, der ist hier richtig. Spannend wird's natürlich zur Hirschbrunft im Herbst. Die Revierkämpfe der Hirsche sind ein richtiges Spektakel.

★ Tüshaus Mühle, Weseler Straße 433, 46286 Dorsten-Deuten, Tel. (o 23 62) 6 31 44, www.tueshaus-muehle.de, Apr.-Okt. jeweils am 1. und 3. So. im Monat, 14-17 Uhr, Eintritt frei

★ Hirschpfad Üfter Mark, Start am Parkplatz Tüshaus Mühle, Kontakt über RVR Ruhr Grün, Forsthof Üfter Mark, Forsthausweg 306, 46514 Schermbeck, Tel. (o 28 66) 44 91, http://umweltportal. metropoleruhr.de/naturerlebnisorte/detail/ forststtzpunkt-fter-mark.html

# Halde Haniel in Bottrop

Eine weitere Halde mit Romantikpotenzial hat Bottrop zu bieten:
die Halde Haniel. Die Landmarke an der Stadtgrenze zu Oberhausen ist mit 128 Metern Höhe die zweithöchste Halde im Revier. Ein
idealer Ort für Liebhaber glühend roter Sonnenuntergänge vor typischer Industriekulisse. Schon während des Aufstiegs bieten sich an
einigen Stellen grandiose Panoramen und der Gipfel ist sicherlich
einer der **schönsten Aussichtspunkte der Region.** Daneben ist die
Halde aber auch ein Ort der Kultur. Denn hier gilt: Der Weg ist das
Ziel. Seit mehr als 30 Jahren verläuft ein Kreuzweg mit 15 Stationen
in Serpentinen bergauf bis zum Gipfel. Die Tafeln skizzieren den
Leidensweg Christi.

Der Schotterweg führt vom Fuß der Halde bis hinauf zur südlichsten
Spitze. Er ist auch für ungeübte Wanderer bequem zu bewältigen.
Außerdem sorgen die Stopps an den Stationen des Kreuzwegs dafür, dass die „Pilger" nicht arg aus der Puste kommen – es bleibt also
genügend Luft für angeregte Unterhaltungen. Und ein Thema dafür
haben die Datingpartner auch schon, nämlich die künstlerisch
gestalteten Kreuzwegtafeln. Sie verknüpfen die biblische Geschichte
mit der des Ruhrgebiets. Die Kupfertafeln ruhen auf einem stilisierten Fördergerüst aus Holz. Der Weg beginnt mit der Verurteilung

Jesu zum Tode, zeigt weitere
Szenen wie die Begegnung mit
seiner Mutter und das Reichen
des Schweißtuchs bis hin zur
Wiederauferstehung. Neben
jeder Station sind Gegenstände
und authentische Werkzeuge
aus der Zeche Prosper-Haniel zu
sehen. Teufkübel, Lore, Abbauhammer und Greifer aus der
**Arbeitswelt der Kumpel** werden
ergänzt durch Tafeln mit Zitaten

bekannter kirchlicher Persönlichkeiten wie Papst Johannes Paul II.,
Kardinal Hengsbach oder Bischof Luthe.

Auf dem Plateau nahe dem Gipfel, an Station zwölf des Weges,
steht ein Kreuz, das an den Besuch des Papstes im Jahr 1987 erinnert.
Auszubildende von Prosper Haniel haben es aus Führungsschienen
für die Förderkörbe gezimmert. Einen Altar gibt es hier auch.

Jedes Jahr pilgern am Karfreitag Tausende Gläubige über den Kreuzweg auf die Halde Haniel. Der Ruhrbischof hält hier in luftiger Höhe
seine traditionelle Osterpredigt. Zu allen anderen Jahreszeiten ist
der Weg allerdings ein außergewöhnliches und kulturell reizvolles
Ziel für ein Date.

Übrigens, auf der Halde locken noch weitere **kulturelle Highlights.**
Das aus Bergematerial gebaute Amphitheater, das 800 Zuschauern
Platz bietet, wird allerdings nur sporadisch bespielt – dann aber
mit Hochkarätigem. Im Theaterrund waren bereits Wagners „Der
fliegende Holländer" und Brechts „Dreigroschenoper" zu sehen.

**Romantik-Plus:** Die Halde Haniel bietet zudem noch etwas im
Ruhrgebiet Einmaliges: den Blick auf eine aktive Zeche. Vom Hal-
den-Top aus haben Ruhrgebietsromantiker freie Sicht auf die letzte
ihrer Art. Das Bergwerk Prosper Haniel fördert bis voraussichtlich
Ende 2018 Kohle – als letzte Zeche der ehemaligen Kohlekammer
Deutschlands. Freie Sicht haben Haldenstürmer vom Gipfel aus
auch auf weitere Halden wie die an der Beckstraße in Bottrop mit
dem Tetraeder, die Essener Schurenbachhalde mit der „Bramme",
der Installation von Richard Serra, und die Halde Hoheward in Herten mit dem Horizontobservatorium.

★ Halde Haniel, Kirchhellener Straße,
46145 Oberhausen, oder Fernewaldstraße,
46242 Bottrop (Parkplatz Bergwerk Prosper-Haniel),
www.metropoleruhr.de, Eintritt frei

# Waldbühne Heessen in Hamm

Gepflegte Kultur in üppiger Natur – die Waldbühne Heessen ist der ideale Ort für einen romantischen Theaterabend in lauer Sommerluft. Die **Freilichtbühne unter hohen Bäumen** gehört zu den ältesten und besucherstärksten Amateurtheatern unter freiem Himmel in Deutschland. Seit 1928 setzt der Verein Westfälische Freilichtspiele hier unterhaltsames Theater in Szene. Dabei fügt sich die Umgebung beinahe nahtlos in die Bühneninszenierungen ein – etwa bei Aufführungen wie „Ein Sommernachtstraum" oder „Robin Hood".

Seinen besonderen Reiz hat der Besuch der Waldbühne natürlich am Abend. Wenn sich die Dämmerung über die Baumwipfel senkt und die Geräusche des Waldes die Dialoge auf der Bühne untermalen, wird der Theaterabend zum besonderen Erlebnis. Unter wispernden Baumwipfeln und in lauer Sommerluft geht den Zuschauern regelrecht das Herz auf. Meist nimmt der Bühnenverein die dem **Alltag entrückte Atmosphäre** der Waldbühne auch thematisch auf: Gespielt werden in der Regel romantische Komödien und heitere Musicals oder Singspiele. So standen schon „Manche mögen's heiß", „Die Schöne und das Biest" oder „Im weißen Rößl" auf dem Spielplan. Schließlich soll das Publikum im Heessener Wald einfach ein paar schöne Stunden verbringen, das ist das erklärte Ziel der Bühne.

Im Laufe der Jahre hat das Theater bereits so manche Liebesge-schichte erlebt, die nicht im Skript stand. Einige Ehemänner in spe haben ihrer Liebsten live und unter Applaus des Publikums einen Antrag gemacht. Und auch im Ensemble hat die gemeinsame ehrenamtliche Arbeit bei der Waldbühne die eine oder andere Ehe gestiftet.

**Romantik-Plus:** Das Freilichttheater liegt am Waldrand, von hier aus lassen sich wunderschöne Spaziergänge in trauter Zweisamkeit unternehmen. Der insgesamt 411 Quadratmeter große Heessener Wald wird durch ein ganzes Netz von Wanderwegen erschlossen.

★ Waldbühne Heessen, Geschäftsstelle,
Gebrüder-Funke-Weg 3, 59073 Hamm,
Tel. (0 23 81) 30 90 90, www.waldbuehne-heessen.de,
während der Spielzeit: Mai-Sept. Mo.-Fr. 9-16,
außerhalb der Spielzeit: Mo.-Fr. 9-12 Uhr

# Laternenweg in Schwerte

Ein geradezu **märchenhaftes Date** verspricht ein Ausflug in die Altstadt von Schwerte. Die alte Hansestadt am südöstlichen Rand des
Ruhrgebiets ist eine echte Märchen- und Sagenhauptstadt. Im Laufe
der Jahrhunderte haben die Schwerter Bürger es der fantasievollen
Überlieferung nach immer wieder mit versunkenen Schlössern,
habgierigen Jungfrauen, angsteinflößenden Werwölfen, Regen-
und Feuerhexen aufgenommen. Ein Bummel durch die historischen
Gassen der Altstadt bietet also viel spannenden Gesprächsstoff.
Die pittoresken Fachwerkhäuser, die schmalen Gassen, die

weithin sichtbare, leicht geneigte Turmspitze der
St.-Viktor-Kirche im Zentrum – wer hier nicht Hand
in Hand entlangschlendern möchte, hat definitiv
keine romantische Ader.
Durch diese hübsche Kulisse führt eine ganz
besondere Route: der Schwerter Laternenweg –
übrigens der einzige dieser Art in NRW. Insgesamt
30 schmiedeeiserne Laternen säumen den Rundweg
durch die Altstadt. Die gläsernen Seiten schmücken
scherenschnittartige Szenen aus insgesamt fünf
bekannten Sagen der Stadt. Ausgestattet mit dem
Begleitheft, das in der Touristeninformation ausliegt,
begeben sich Ausflügler auf die **mystische Reise** zur
„Weißen Frau vom Wuckenhof", zur „Hexenrache",
zu dem „Schiefen Turm von St. Viktor", dem „Knüp-
pelhund von Schwerte" und dem „Spuk in der Mühle". Wer mag,
kann auch eine Führung mit der stilecht gekleideten Laternenfrau
buchen. Rund eine Stunde dauert der Rundgang. Der Weg führt
innerhalb der mittelalterlichen Stadtgrenzen vom Wuckenhof über
den Marktplatz, vorbei an der Kirche St. Viktor und wieder zurück
zum Wuckenhof. Der Start- und Zielpunkt ist besonders idyllisch
gelegen. Hinter dem historischen Haus, das nach einem ehemaligen
Schwerter Bürgermeister benannt wurde, öffnet sich das Ruhrpla-

teau. Die Bebauung endet hier, der Blick geht also in die freie Natur des schönen Ruhrtals.

Es lohnt sich, ein wenig Zeit für den Besuch der Kirche einzuplanen – immerhin erfahren aufmerksame Besucher auf dem Laternenweg ja auch, warum sich die markante Turmspitze gen Westen neigt.

Der Sage nach soll er sich vor Lachen gebogen haben. Es heißt, ein Schwerter habe sich einen Schluck aus einer unter Handwerksbrüdern kreisenden Flasche erschleichen wollen. Als er nichts bekam, verhalf er den Männern mit einem Trick zu einem Bad im Mühlbach. Einen recht schadenfrohen Kirchturm haben die Schwerter da also!

Die evangelische Kirche ist das Wahrzeichen der Stadt. Sehenswert ist vor allem das **Herzstück** der Kirche, der goldene Altar aus dem Jahr 1523.

Besonders stimmungsvoll ist der Laternenweg natürlich in der Dämmerung und Dunkelheit. Dann kommen die künstlerischen Bilder am besten zur Geltung.

**Romantik-Plus:** Noch mehr Symbolik geht kaum: Unweit des Laternenwegs stoßen verliebte Ausflügler auf den „Walk of love". Hinter dem Kulturzentrum Rohrmeisterei können Brautpaare ihre Liebe quasi in Stein meißeln lassen. Der Plattenweg im Ruhrplateau ist Paaren gewidmet, die in der Rohrmeisterei den schönsten Tag des Lebens feiern. Namen, Daten oder auch Sinnsprüche werden auf den Gehwegplatten verewigt. Bei bis zu 200 Hochzeiten pro Jahr sind hier schon einige Widmungen entstanden – allerdings sind auch schon einige Platten wieder leer ...

★ Schwerter Laternenweg, Start und Ziel: Wuckenhof, Kötterbachstraße 2, 58239 Schwerte, www.schwerte.de, Infos über Heimatverein Schwerte e.V., Tel. (0 23 04) 1 04-777, frei zugänglich

★ Walk of love hinter der Rohrmeisterei Schwerte, Ruhrstraße 20, 58239 Schwerte, Tel. (0 23 04) 2 01 30 01, www.rohrmeisterei-schwerte.de

# Helenenturm in Witten

Ein **Denkmal für die Liebe** hat Witten zu bieten: Der Helenenturm erinnert an eine geliebte Frau. 1858 ließ der Berliner Justizrat Eduard Strohn ihn zu Ehren seiner verstorbenen Frau als Privatdenkmal bauen. Heute ist der einem mittelalterlichen Bergfried nachempfundene Bau in städtischem Besitz und fungiert als Aussichtsturm. Mitten im Wald erhebt er sich bis über die Wipfel der Bäume. Beinahe meint man, Rapunzel müsse gleich aus einem der Fenster schauen. Aus 30 Metern Höhe eröffnet sich ein **imposanter Blick** über den Wittener Wald, den Stadtpark und das idyllische Ruhrtal. Bei klarem Wetter kann man sogar bis nach Bochum und Dortmund schauen. 140 Treppenstufen führen bis zur Spitze.

Punkten kann man beim Date in der Kulisse des zinnenbewehrten Rundbaus aus Ruhrsandstein mit der Liebesgeschichte, die zu seiner Entstehung führte. Helene Strohn, geboren 1818, entstammte einer Wittener Stahl-Industriellen-Familie. Um 1850 lebte sie mit ihrem Mann Eduard Strohn, Jurist und Schriftsteller, und sieben Kindern in

Berlin. 1852 bat die Familie von Helene Strohn ihn um Hilfe bei einer Rechtsstreitigkeit mit dem preußischen Staat. Der hatte nämlich die Fährgelder, die die Familie Lohmann für die Ruhrquerung zwischen Witten und Bommern einstreichen durfte, gekürzt. Der Jurist Eduard Strohn vertrat die Interessen der Familie vor Gericht und gewann den zweijährigen Prozess. Wenig später verstarb jedoch seine Frau Helene bei der Geburt des achten Kindes. Ihren Mann traf das so sehr, dass er ihr ein Denkmal setzen wollte. Statt eines Honorars für seine Dienste verlangte er von der Familie den Bau des Turms. Heute ist der sanierungsbedürftige Turm nur noch im Rahmen einer Führung oder zu ausgewählten Terminen wie dem jährlichen Tag des offenen Denkmals frei zugänglich. Aber auch ein Spaziergang durch den umliegenden Wald auf den zahlreichen Wegen lohnt sich.

**Romantik-Plus:** Im Schein einer flackernden Fackel wirkt die romantische Geschichte um den steinernen Liebesbeweis gleich noch romantischer. Das Wittener Stadtmarketing bietet rund zweistündige Fackelwanderungen zum Helenenturm an. Im matten Lichtschein erkunden die Teilnehmer mit einem Gästeführer den Wittener Stadtpark und das anschließende Naherholungsgebiet. Ziel ist der Turm, der bei dieser Gelegenheit natürlich auch bestiegen wird.

**in Zahlen**

```
        Nicht nur für Frauen ein Problem:
    Was ziehe ich bloß beim ersten Date an?
      Schließlich ist der erste Eindruck ja
  bekanntlich der wichtigste. Eine Umfrage der
      Online-Partnervermittlung Parship gibt
    Entwarnung: Sowohl Männer als auch Frauen
       mögen es in puncto Outfit nämlich am
          liebsten schlicht und dezent
       (37 bzw. 36 Prozent) - und bevorzugen
          dies auch bei ihrem Gegenüber.
```

(Quelle: Parship ♥ )

★ Helenenturm Witten, Helenenbergweg 22,
58452 Witten, geführte Touren über:
Stadtmarketing Witten, Marktstraße 7, 58452 Witten,
Tel. (0 23 02) 1 94 33,
www.stadtmarketing-witten.de,
Mo.-Fr. 9.30-10, Sa. 10-14 Uhr

## Weiße Nächte im Raffelbergpark in Mülheim

Wenn die Nächte lau sind und das Licht mystisch ist, präsentiert sich das Theater an der Ruhr unterm **Sternenzelt.** „Die Weißen Nächte" in Mülheim sind genau das Richtige für Liebhaber von Kultur und Romantik – und das perfekte Programm für ein gepflegtes Date. Alljährlich im Sommer tauscht das Ensemble des renommierten und mehrfach ausgezeichneten Theaters an der Ruhr die Bühne im ehemaligen Solbad Raffelberg gegen die Natur des gleichnamigen historischen Parks. Schon seit 2003 lockt das Theaterfestival in den idyllischen Kurpark.

Das Markenzeichen der Weißen Nächte ist die romantische Atmosphäre: Fackeln, Lichterketten, Wasser und Grün, Reflexionen in den Bäumen und eine **schillernde Lichtinsel** im Wasser schaffen den Rahmen für ein anspruchsvolles Theater- und Konzertprogramm. Blickfang ist auch das illuminierte Theatergebäude, das mehr wie ein ehrwürdiges Herrenhaus anmutet. Die richtige Zeit und der richtige Ort also, um Atem zu holen und zu genießen.

Meist sind drei bis fünf Abende im Hochsommer für das Spektakel reserviert. Gespielt werden dann Inszenierungen aus dem Repertoire des Theaters an der Ruhr. Immer mal wieder dabei, weil auch im Spielplan sehr beliebt: „CLOWNS 2 1/2". Das komisch-musikalische Unternehmen von und mit Roberto Ciulli, Theatergründer und einer der wenigen europäischen Theatermacher, der als Experte für die moderne, aber in Vergessenheit geratene Clownskunst gelten kann, wirft gemeinsam mit dem Ensemble einen befreienden, tragikomischen und **hochmusikalischen Blick** auf das Dunkel des „Verfalls": Eine brisante Clownerie des Alters. Der Eintritt zu allen Veranstaltungen der Weißen Nächte ist frei.

**Romantik-Plus:** Auch außerhalb der Weißen Nächte ist der Raffelbergpark einen romantischen Ausflug wert. Zu Beginn des 20. Jahrhunderts wurde der Park an der Stadtgrenze zu Duisburg als eine Oase der Ruhe und Erholung mitten im hochindustrialisierten Ruhrgebiet angelegt. Er umgab das Solebad, das 1909 hier eröffnet wurde. Gespeist wurde es aus salzhaltigen, unterirdischen Wasserläufen, die bei der Abteufung des Schachtes der Zeche Alstaden entdeckt wurden. In einigen Teilen erinnert der Park an französische Barockgärten, in anderen an englische Landschaftsparks. Mit seinem mehr als 100 Jahre alten Baumbestand, dem kleinen See und den akkurat gestutzten Hecken macht er als Kulisse für einen beschaulichen Spaziergang zu zweit eine wirklich gute Figur.

★ Weiße Nächte im Raffelbergpark,
c/o Theater an der Ruhr, Akazienallee 61,
45478 Mülheim an der Ruhr, Tel. (02 08) 5 99 01-0,
www.theater-an-der-ruhr.de, jeweils an drei bis
fünf Abenden im Juni oder Juli, Termine und
Spielplan auf der Internetseite des Theaters an der
Ruhr, Eintritt frei

# BurgENtour im Ennepe-Ruhr-Kreis

Ein Schloss für die Liebste oder den Liebsten? Pah, im Ruhrgebiet legt man ihnen gleich eine ganze Sammlung zu Füßen. Im östlichen Ruhrgebiet, entlang der Ruhr, standen sich im Mittelalter mehr als einmal kirchliche und weltliche Mächte gegenüber, wurden Fehden ausgetragen und Vorherrschaften erkämpft. Und so wappnete man sich gegen Angriffe mit mächtigen Gemäuern. Zahlreiche Bollwerke sind heute erhalten, einige allerdings nur noch als Ruinen. Die höchste Schlösser- und Burgendichte im Ruhrgebiet hat wohl der Ennepe-Ruhr-Kreis zu bieten. Rund 20 ehemalige Adelssitze verteilen sich rund um die neun Städte des Kreises. Erste Wahl also für einen romantischen Ausflug zu zweit. Die Tourismusagentur des Kreises bietet sogar eine eigene Tagestour rund um trutzige Burgen, stolze Schlösser, imposante Herrenhäuser und verwunschene Ruinen an, die BurgENtour. Und wer träumt nicht davon, sich einmal als edler Ritter oder **schöne Prinzessin** zu fühlen?

Die Geschichten, die der Gästeführer während der Tour zum Besten gibt, lassen die **Fantasie** dazu noch Purzelbäume schlagen. Da geht es um verschmähte Liebe, eigensinnige Grafen und große Intrigen. Die wohl bekannteste Erzählung aus der Region handelt jedoch von einem Mord: Graf Engelbert, Erzbischof von Köln, wurde 1225 bei Gevelsberg überfallen und ermordet. Der streitbare Bischof war die politisch einflussreichste Persönlichkeit des damaligen Reiches. Er gilt heute als Begründer des Herzogtums Westfalen. Entsprechend hohe Wellen schlug seine Ermordung durch einen Verwandten. Die Tour folgt den Spuren Engelberts, beginnend am Haus Herbede in Witten über die Burgruine Hardenstein zur Burg und Freiheit Wetter, zur Burgruine Volmarstein und nach Hattingen zur Burg Blankenstein. Die größeren Entfernungen werden per Bus überwunden. Neben den **herzerweichenden Geschichten** punktet die Tour mit imposanten Aussichten und einer tollen Landschaft. Denn der Kreis ist zwischen Ennepe und Ruhr viel grüner, als es die Vorurteile über das Ruhrgebiet glauben machen wollen. Allein ein Drittel der Fläche ist bewaldet. Täler und Auen bieten ebenfalls etwas für das Auge und die Stimmung.

**Romantik-Plus:** Eine durchaus prominente Romanze hat die Burgenregion auch zu bieten: Der Dichter und Germanist Hoffmann von Fallersleben traf nämlich um 1820 seine Liebe im Haus Hove in Wetter-Oberwengern. Fallersleben, der u. a. die deutsche Nationalhymne verfasst hat, lernte auf dem alten Rittersitz Henriette von Schwachenberg kennen. Hoffmann verliebte sich in die fünf Jahre ältere, geschiedene Frau. Auch sie empfand wohl große Zuneigung, konnte sich den äußeren Zwängen der Zeit jedoch nicht entziehen. Enttäuscht zog sich Hoffmann zurück. Die beiden blieben aber in Kontakt. Ihre Freundschaft verband sie bis zu ihrem Tod. Sogar Henriettes zweitem Mann blieb der Dichter verbunden.

★ BurgENtour, Am Walzwerk 25, 45527 Hattingen, Tel. (0 23 24) 5 64 80, www.en-tourismus.de, buchbar über EN-Agentur, Preis auf Anfrage

# FÜR HELDEN: BEEINDRUCKEN MIT MUT

„I'm holding out for a hero!" Wer will das nicht:
einen Partner, den nichts schreckt, der alles meistert und dabei
noch lächelt. Und das betrifft nicht nur Frauen. Auch Männer
haben ganz gern jemanden an ihrer Seite, der nicht gleich
in jeder kniffligen Situation die Flinte ins Korn wirft.
Mut beeindruckt, warum also nicht ein wenig nachhelfen?
Hier ein paar Ideen für Dates, bei denen Helden geboren werden!

## Bungeespringen an der Wedau in Duisburg

Wow! Der/Die traut sich was! Sich nur von einem Gummiseil gesichert in die Tiefe zu stürzen gehört zu den Königsdisziplinen unter den Mutproben. Bungeejumping ist der Sprung über die eigene Angst — und hoffentlich hinein ins Herz des/der Auserwählten. Im Ruhrgebiet bietet die Regattastrecke im Sportpark an der Wedau in Duisburg die passende Kulisse — und das Wasser zum Abkühlen nach der heißen Heldentat. Der Erlebnisunternehmer Jochen Schweizer baut hier in der Sommersaison eine mobile Sprungbasis auf. Zwischen Ende April und Ende Oktober gibt's zwischen Berta- und Kruppsee **Adrenalin auf Bestellung.**

In einem Sprungkorb schweben die künftigen Helden 50 Meter über der Wasseroberfläche. Wer in dieser Situation noch einen Blick dafür hat, kann die Aussicht über den Sportpark mit der bekannten Regattastrecke, die angrenzenden Grünanlagen, die MSV-Arena und die benachbarten Seen genießen. Alle anderen schließen einfach die Augen, vertrauen Mensch und Material – und **lassen sich fallen.** Das Gummiseil sorgt dafür, dass der Sprung nicht abrupt endet.

Gemeinsam genossen schweißt solch ein Kick besonders zusammen. Und vielleicht ist ein Tandemsprung der Auftakt für eine stürmische Beziehung? Nach Angaben des Veranstalters stürzen sich pro Saisontag in Duisburg durchschnittlich mehr als 20 Pärchen gemeinsam gesichert in die Tiefe. Auf rund 2700 Paarsprünge bringt es die Regattabahn damit im Jahr.

Und: Im Angesicht des tiefen Falls sind schon viele Ehen beschlossen worden. Jedes Jahr gebe es Heiratsanträge, so die Erlebnisagentur Jochen Schweizer.

**Romantik-Plus:** Wem nach so viel Action der Sinn eher nach einem Spaziergang in trauter Zweisamkeit steht, ist an der Wedau richtig. Die Regattabahn ist von üppigem Grün umgeben und durch sehr gute Wege erschlossen. Wer dem Weg entlang der Regattabahn zum Wolfs- und Wildförstersee folgt, gelangt zum Aussichtsturm. Aus 23 Metern Höhe hat man einen tollen Blick über die gesamte Sechs-Seen-Platte.

★ Bungeejumping im Sportpark Wedau, Kruppstraße 30a, 47229 Duisburg, buchbar über: Jochen Schweizer, Tel. (0 89) 70 80 90 90, www.jochen-schweizer.de, Apr.-Okt. Sa./So., Termine nach Absprache, Sprung ab 89,90 €

## TauchRevierGasometer im Landschaftspark Duisburg-Nord

Tauchen ist Abenteuer: Abtauchen, sich loseisen von der Welt dort oben, **schwerelos** unter Wasser schweben. Den richtigen Kick bekommt der Tauchgang aber in Duisburg. Im ehemaligen Gasometer im Landschaftspark Duisburg-Nord steckt eines der ungewöhnlichsten Tauchreviere der Welt. Der im Landschaftspark ansässige

Tauchverein hat das Bauwerk in Eigenregie in das größte Indoor-Tauch- und Ausbildungszentrum Europas verwandelt. Wer sich hier hineinstürzt, verdient Respekt: Kein Streifen Tageslicht erreicht das Becken, Stahlwände begrenzen das Tauchrevier. Höchstens 25 Meter weit reicht die Sicht. Dazu verstecken sich in den 21 Millionen Litern Süßwasser, mit denen der Tauchturm von 45 Metern Durchmesser geflutet wurde, einige Überraschungen. Ein ganzes Schiffswrack wartet darauf, erkundet zu werden. Außerdem liegen auch ein Auto und ein Sportflugzeug auf dem Grund des Beckens. Ein **künstliches Riff** und ein Röhrensystem warten ebenfalls auf die Taucher. Tauchen kann im Gasometer beinahe jeder. Im öffentlichen Betrieb am Wochenende gehen Sportler mit und ohne Tauchschein stundenweise unter Wasser. Letztere können natürlich nur in Begleitung im Rahmen eines Schnupperkurses abtauchen. Ein Tauchlehrer weist die Neulinge in Theorie und Tauchtechnik ein, ehe gemeinsam bis auf eine Tiefe von vier Metern getaucht wird. Für diese Schnupperkurse sind keine Vorkenntnisse erforderlich. Wer noch mehr Herausforderung sucht, bucht das **Abenteuertauchen:** In bis zu zwölf Metern Tiefe erkunden die Neulinge unter Anleitung die versunkenen Wracks.

In der Stille unter Wasser hat sich auch schon so mancher ein Herz gefasst und die Frage aller Fragen gestellt. Weil das mit dem Sprechen in der Tauchermaske ja so schlecht klappt, kamen schon Banner zum Einsatz oder auch eine Schatztruhe, in der der Ring versteckt war. Sogar eine Unterwassertrauung hat es schon gegeben. Hier tauchte auch der Priester mit ab. Das Ja-Wort wurde dann per Schild gegeben. Eines mit dem Aufdruck „Nein" gab es übrigens nicht …

**Romantik-Plus:** Romantisch und abenteuerlich zugleich sind auch die abendlichen Fackelführungen durch den Landschaftspark Duisburg-Nord. Im flackernden Schein erkunden die Besucher unter fachkundiger Leitung das alte Industriegelände.

★ TauchRevierGasometer, Landschaftspark Duisburg-Nord, Emscherstraße 71, 47137 Duisburg, Tel. (02 03) 4 10 53 53, www.tauchrevier-gasometer. de, öffentliche Tauchzeiten Sa./So. 9–17 Uhr, Tageskarte (Taucher mit Tauchschein) 26 €, Schnuppertauchen 44 €

★ Fackelführungen: Tour de Ruhr im Landschaftspark Duisburg-Nord, Emscherstraße 71, 47137 Duisburg, Tel. (02 03) 4 29 19 19, Nov.–Febr. Fr./Sa. 18, März–Okt. Fr./Sa. 18.30, Apr./Sept. Fr./Sa. 20, Mai–Aug. Fr./Sa. 21 Uhr, 12 € p. P.

# Rundflug mit dem Roten Baron in Essen/Mülheim

Tollkühne Helden in ihren fliegenden Kisten – die gibt's auch im Ruhrgebiet. Der Flughafen Essen/Mülheim ist die Heimat zweier Flugsaurier der abenteuerlichen Art. Von hier aus heben der **Rote Baron** und der **Red Eagle** zu Rundflügen über das Ruhrgebiet ab. Und das ist nichts für Warmduscher: Die Maschinen gehören zu den ältesten und größten noch fliegenden Doppeldeckern der Welt. Ein 1000-PS-Motor wuchtet die historischen Flugzeuge vom Typ Antonov AN 2 in die Lüfte. Oben angekommen geht es im Vergleich zu modernen

Fluggeräten gemütlich zu: Nur rund 200 Kilometer pro Stunde ist der Flieger schnell. Ideal, um sich das Ruhrgebiet in aller Ruhe aus der Pilotenperspektive anzusehen. Bis zu neun Passagiere können mitfliegen.

Ein kleiner Held sollte dabei aber schon in jedem Fluggast stecken. Denn der Flug mit einem 1947 konstruierten Doppeldecker ist nicht vergleichbar mit dem im großen Ferienflieger: Turbulenzen fängt die Antonov eher ab wie ein tiefergelegter Manta, die Geräuschkulisse erinnert daran, der Propeller mit einem Durchmesser von vier Metern gibt eins auf die Ohren, der Motor dröhnt. Aber dafür hat jeder Passagier einen **Logenplatz** mit bestem Blick auf den Ruhrpott.

Gebucht werden können unterschiedliche Strecken. Die beliebteste ist der einstündige Rundflug ab Essen/Mülheim. Die Highlights der größten Flugroute sind Düsseldorf, das Bergische Land und das Ruhrgebiet. Immer wieder sind die Gäste erstaunt, wie grün der Pott doch ist, z. B. rund um die Sechs-Seen-Platte in Duisburg, den Baldeneysee in Essen und die Ruhr-Universität Bochum. Zu sehen sind auch der größte Binnenhafen Europas in Duisburg, das BVB-Stadion in Dortmund und die Sternwarte in Bochum. Sowohl spannende Infos rund um das Ruhrgebiet als auch die Technik der Antonov gibt's vom Piloten dazu.

Die heutigen **Helden der Lüfte** bekommen den Rundflug übrigens meist von ihren Partnerinnen geschenkt. Rund 70 Prozent der Fluggäste sind Männer.

Es hat auch bereits einige Anfragen für Trauungen im Luftraum über dem Ruhrgebiet gegeben – aber bisher hat sich noch kein Standesbeamte gefunden, der sein Trauzimmer in den Bauch des Roten Barons verlegen wollte. Dafür gab es hier aber schon Dutzende Heiratsanträge.

**Romantik-Plus:** Für den Flug in den siebten Himmel hat der Anbieter auch drei Heißluftballone im Programm. Die Ballonfahrten sind die deutlich sanftere Alternative, um das Ruhrgebiet von oben zu erleben. Hier fliegt man nicht, man „fährt" in der Luft. Gestartet wird unter anderem in Mülheim, Oberhausen, Essen, Gladbeck, Bottrop, Marl und am Kemnader Stausee. Wo und wann die Ballone landen, bestimmt allein der Wind.

★ Air Albatros, Flughafen Essen/Mülheim,
Brunshofstraße 3, 45470 Mülheim/Ruhr,
Tel. (02 08) 37 01 91, www.hot-air-balloon.de,
Bürozeiten: Mo.-Fr. 10-14, Mi. 10-18 Uhr,
Rundflüge mit dem Roten Baron oder der Red Eagle
ab 99 € p. P., Ballonrundfahrten 199 € p. P.

# Indoor Skydiving in Bottrop

Sich fallen lassen – das muss man können! Nicht nur im übertragenen Sinn, sondern auch ganz real. Wer mit seinem Mut beeindrucken will, muss dafür aber nicht gleich mit dem Fallschirm abspringen. Ein Ausflug nach Bottrop reicht aus, um der Frau oder dem Mann der Träume zu beweisen, was man für sie oder ihn alles tun würde. Am Fuß der Halde Prosper Haniel, dem Sitz der Bottroper Skihalle, wartet Europas schnellster Hightechwindtunnel auf furchtlose Abenteurer. Der Name der Anlage sagt, was man hier erleben kann: Indoor Skydiving. **Himmelstaucher** erleben die Simulation eines freien Falls. In einem gläsernen Vertikaltunnel schweben sie auf einem bis zu 286 Stundenkilometer schnellen Luftstrom. Gefühlt ist das ein freier Fall wie bei einem realen Fallschirmsprung aus mehreren Tausend Metern Höhe. Und dabei müssen die Skydiver nichts weiter tun, als sich dem Wind zu überlassen. Je nach Stärke trägt er sie bis zu 17 Meter in die Höhe. Die Fluganfänger werden immer von einem erfahrenen Instruktor begleitet. Er leitet die Helden in spe an, zeigt ihnen, wie sie sich auf den Wind legen, wie sie Arme und Beine halten müssen. Einsteiger „tauchen" jeweils nur für ein paar Minuten. Könner legen da schon ganz andere Kunststücke hin. Weil das Vertikalrohr des Windkanals transparent ist, können Gäste von außen zusehen, wie sie Formationen bilden, Salti schlagen oder im Luftstrom einfach stehend über dem Boden schweben. Die Anlage in Bottrop ist übrigens die einzige professionelle Indoor-Skydiving-Simulation in Deutschland.

**Romantik-Plus:** Im Indoor Skydiving in Bottrop können Paare auch gemeinsam abheben. Aus Sicherheitsgründen dürfen Anfänger zwar meist noch nicht Hand in Hand auf Wolke sieben schweben, aber als gemeinsames Erlebnis ist der Himmelsflug wohl kaum zu toppen.

★ Skydiving Bottrop, Prosperstraße 297,
46238 Bottrop, Tel. (0 20 41) 37 37 30,
www.indoor-skydiving.com, tägl. 9–21 Uhr,
Einsteiger-Airlebnis ab 49 €,
Airlebnis für zwei 89 €

# Parkhotel im BernePark in Bottrop

„Abgefaahn! Sowatt gibbet nur im Ruhrgebiet!" Wer seinem „Schätz-ken" mal etwas ganz Besonderes bieten will, der mietet sich zu zweit im Parkhotel im Bottroper BernePark ein. Allerdings sollte er oder sie sicher sein, dass der Partner ungewöhnliche Ideen schätzt. Denn das Parkhotel ist so ganz anders, als der Name vermuten lässt: Hier übernachten die Gäste in ausgebauten, natürlich unbenutzten Abwasserrohren. Die fünf gigantischen Rohrstücke mit den integrier-

ten Zimmern liegen im BernePark im Bottroper Stadtteil Ebel. Das gesamte Gelände gehörte früher zu einem Klär-werk. Im Rahmen der Kulturhauptstadt RUHR.2010 hat die zuständige Emscher-genossenschaft die stillgelegte Anlage als Industriedenk-mal revitalisiert und den umgebenden Park für alle geöffnet. Die beiden kreisrunden Klärbecken sind einfach integriert worden, ebenso das Maschinenhaus. Vor der Indus-triekulisse des alten Klärwerks können experimentierfreudige Gäste seit dem Frühjahr 2011 im **ersten Röhrenhotel Deutschlands** nächti-gen. Die Idee hatte der österreichische Künstler Andreas Strauss. Drei Meter lang, 2,40 Meter im Durchmesser und 11,5 Tonnen schwer sind die schmucklosen Betonröhren. In ihrem Inneren erwartet die Gäste ein komfortables Doppelbett mit Hüttenschlafsäcken und Wolldec-ken, ein Stauraum neben der Liegefläche und eine kleine Nacht-tischlampe. Durch eine Luke in der Decke haben die Gäste freien Blick auf **Bottrops Sternenhimmel.** Ein wenig romantisch kann man es sich hier also zu zweit schon machen. Und: So ungestört ist man sonst in keinem Hotelzimmer. Allerdings sollte man nicht unter Platzangst leiden, denn der Raum ist mit dem Bett quasi ausgefüllt.

Eine Rezeption gibt es nicht. Die ist auch gar nicht nötig, denn reserviert und eingecheckt wird voll elektronisch. Gäste reservieren ihre persönliche Röhrenherberge im Internet, daraufhin bekommen sie einen Zugangscode per E-Mail zugesendet. Mit diesem Code lassen sich die kreisrunden Eingangstüren der Suiten öffnen. Interessant sind auch die Tarife: Jeder zahlt das, was ihm die Übernachtung wert ist. „Pay as you wish" nennt der Künstler sein System, bei dem jeder in der Paybox seiner Suite pro Nacht einen Betrag hinterlässt, den er sich leisten kann und mit dem er bereit ist, das **Kunst-Hotel-Projekt** zu unterstützen. Maximal für drei Nächte können sich Gäste in den Abwasserrohren einmieten.

**Romantik-Plus:** Stilvoll speisen können Gäste im Restaurant im Maschinenhaus. Hier trifft Industriekultur auf moderne Architektur und Ruhrpottcharme auf Feinschmeckerküche. In der verglasten Rotunde oder im Biergarten sitzend hat man einen tollen Blick auf den begrünten Park und die Relikte der Kläranlage. Ein Wasserbecken ähnelt heute eher einem Teich. Das zweite wurde mit 21.000 Stauden und Gräsern begrünt und heißt heute „Theater der Pflanzen". In Dämmerung und Dunkelheit offenbart sich dann noch eine ganz andere Schönheit des Ortes: Künstler Mischa Kuball hat Lichtinstallationen geschaffen, die vor allem die alten Klärbecken imposant in Szene setzen.

★ dasparkhotel, BernePark, Ebelstraße 25a, 46242 Bottrop, www.dasparkhotel.net, Mai-Okt. tägl., Nov.-Apr. geschl., Preise nach eigenem Ermessen

★ Restaurant im Maschinenhaus, Ebelstraße 25a, 46242 Bottrop, Tel. (0 20 41) 3 75 48 40, www.bernepark.de, Mi.-Sa. 13-22, So. 12-18 Uhr, Mo./Di. geschl.

# Kluterthöhle in Ennepetal

Extreme Erfahrungen schweißen erwiesenermaßen zusammen.
Wer dem Glück in dieser Beziehung etwas nachhelfen will, sollte
sich auf den Weg nach Ennepetal ganz im Osten des Ruhrgebiets
machen. In der dortigen Kluterthöhle gehen Monat für Monat Menschen an ihre Grenzen. Neben den „bequemen" Höhlenführungen
für jedermann und den Kindergeburtstagen stehen hier nämlich
auch XX-treme-Touren auf dem Programm. Und die sind nichts für
Taschenlampenvergesser und Dreckhasser. Ach ja: Platzangst sollte
man auch nicht haben. Denn die Tour hat es in sich: In rund zwei-
einhalb Stunden führen die Guides die Höhlenforscher durch völlige
Dunkelheit auf Knien durch enge Tunnel, kopfüber durch schmale
Felsspalten und tastend durch wasserbedeckte, stille Felsgänge der
rund 300 Millionen Jahre alten Höhle. Eine körperliche und mentale
**Grenzerfahrung**, so wirbt die Höhle für die Tour. Da ist es Gold wert,
einen starken und verlässlichen Partner an seiner Seite zu haben –
also seinen persönlichen Indiana Jones oder seine eigene Lara Croft.
Danach wissen Paare, dass sie sich aufeinander verlassen können.
Für ihre Forschertour werden die Gäste natürlich entsprechend ausgestattet. Kletterausrüstung, Overall, Stirnlampen und Schutzhelm
werden gestellt. Knieschoner und Handschuhe werden empfohlen.
Trotzdem müssen Abenteurer sich auf blaue Flecke und Muskelkater
einstellen. Das Ganze ist ja schließlich kein Spaziergang.
Wer es etwas weniger abenteuerlich mag, kann auch gemeinsam
eine Erlebnisführung buchen. Die **Taschenlampenführung** ist eine
abgeschwächte Version der großen XX-treme-Tour. Auch hier bewegen sich die Besucher abseits der ausgebauten und beleuchteten Gänge und holen sich dabei schon mal nasse Füße. Ein wenig geklettert
und gerobbt wird ebenfalls, aber die 90-minütige Tour ist gut zu
bewältigen. Sogar Kinder ab acht Jahren dürfen teilnehmen.
Die Kluterthöhle ist die größte Naturhöhle Deutschlands und damit
eine touristische Attraktion, die weit über die Region hinaus Besucher
anzieht. Rund fünf Kilometer reicht das Höhlensystem in den Berg
hinein. Mehr als 300 erforschte Gänge schlängeln sich durch das

Gestein. Zu entdecken gibt es eine ganze Menge: Tropfsteine, unterirdische Seen, sogar ein in Deutschland einmaliges **versteinertes Korallenriff.** Daneben ist die Höhle für ihre Heilwirkung bekannt.

**Romantik-Plus:** Entspannter erleben Paare die Kluterthöhle bei den „Höhlenklängen". Mehrmals im Jahr gibt es hier Konzerte und Klangerlebnisse. Je nach Thema sind z. B. indianische oder asiatische Naturflöten zu hören, werden Klangschalen oder Trommeln geschlagen. Die Klänge sollen die Besucher entspannen. Allerdings müssen die sich warm anziehen: In der Kluterthöhle herrschen konstant zehn Grad Celsius.

★ Kluterthöhle Ennepetal, Gasstraße 10,
58256 Ennepetal, Tel. (0 23 33) 98 80 11,
www.kluterthoehle.de, Information tägl. 9.45–17 Uhr;
XX-treme-Tour buchbar ab 16 Jahren, Termine lt.
Veranstaltungskalender auf der Internetseite,
60 € p. P; Höhlenklänge: Termine lt. Veranstaltungskalender auf der Internetseite

# FÜR ÄSTHETEN: BEEINDRUCKEN MIT STIL

Stil ist angewandte Liebe, so heißt es.
Wer ein stilvolles Ambiente für ein romantisches Treffen
auswählt, hat das Herz des anderen schon halb gewonnen.
Ein erlesenes Essen in edlem Ambiente kann dabei genauso
geschmackvoll sein wie ein „Ruhrgebietsteller" in einer
liebevoll ausgewählten und ungewöhnlichen Umgebung.
Denn Stil und Geschmack sind untrennbar verbunden –
und Geschmäcker sind nun mal verschieden.
Oder, wie der Ruhrgebietler sagen würde: Wat den einen
maach, maach den anneren noch lange nich!

Es kommt also vor allem darauf an, den „richtigen"
Geschmack zu treffen, vorzugsweise den des/der Angebeteten.
Wäre ja auch zu dumm, wenn man gemeinsam ein romantisches
mehrgängiges Menü kocht, wenn der oder die Eingeladene
gerade auf Diät ist …

Anderseits: ’nem geschenkten Gaul schaut man nicht ins Maul.
Einladungen, die zeigen, dass der Datingpartner sich
Gedanken gemacht hat, verfehlen ihre Wirkung meist nicht.

# Romantische Führungen im Schloss Horst in Gelsenkirchen

Edle Ritter und zarte Prinzessinnen haben im Ruhrgebiet ja die Qual der Wahl: Die Zahl der Burgen und Schlösser ist nahezu unübersichtlich groß. Eines der architektonisch interessantesten steht in Gelsenkirchen-Horst. Der im 16. Jahrhundert entstandene Adelssitz gilt als einer der ältesten und bedeutendsten Renaissancebauten Westfalens. Heute beherbergt er unter anderem das – Achtung! – Standesamt. Einst hielt hier Rutger von der Horst Hof. Er ließ das **Renaissance-schloss** mit dem quadratischen Grundriss und den (damals noch) vier imposanten Ecktürmen in der zweiten Hälfte des 16. Jahrhunderts bauen. Vier Flügel umschlossen ursprünglich den ausgedehnten Innenhof. Von der einstigen Pracht ist nicht mehr alles erhalten, lediglich der Hauptflügel und Teile eines Turms und eines weiteren Flügels stehen noch. Bis zum Ende der 1980er-Jahre war das Schloss dem Verfall preisgegeben. Seit 1988 gehört es der Stadt, die es aufwendig restauriert und dabei auch um interessante Details erweitert hat. Jetzt können Besucher beim romantischen Schlossausflug quasi von der Renaissance bis in die Moderne reisen. Denn das Schloss hat heute zwei Gesichter: Der Eingangsflügel vermittelt das historische, herrschaftlich anmutende Bild eines alten Adelssitzes mit sorgfältig restaurierten Fassaden und typischen Verzierungen. Die Hofseite aber

präsentiert sich als lichte Halle aus Glas und Stahl, die den ehemaligen Hof und das Schlossportal überdacht.

Die neuen Schlossherren haben den Prachtbau den Bürgern gewidmet: Schloss Horst beherbergt heute ein lebendiges Kultur- und Bürgerzentrum. Der Bund fürs Leben wird im Kaminzimmer oder im Rittersaal geschlossen.

Und wem das alles noch nicht stimmungsvoll genug ist, der sollte seine Liebste/seinen Liebsten zu einer romantischen Führung durch das Schloss einladen. Die gibt es allerdings vorwiegend zur Winterzeit. Bei **Kerzenschein und Kaminfeuer** erkunden die Gäste das Alltagsleben in einem Herrschaftssitz des 16. Jahrhunderts. In der romantischen Kulisse werden auch große Feste, rauschende Bälle und Bankette lebendig. So sehr sogar, dass man Speis' und Trank schmecken kann: Zur Führung werden Wein nach historischem Rezept und Kostproben verschiedener Leckereien gereicht.

Bis zu 200 „Romantiker" und Geschichtsinteressierte reisen mit der Führung in jeder Wintersaison in die Vergangenheit. Bei Pärchen ist das Angebot sehr beliebt. Viele kommen, weil sie im Schloss geheiratet haben oder es noch vorhaben. Oft kommen auch Paare, die das Schloss von früher kennen und dort bei den Tanzveranstaltungen ihren Partner kennengelernt haben. Sie erzählen dann gern, wie sie in dem „Tanzsaal von Schloss Horst" getanzt haben. Ganz besonders begehrt sind die sonntäglichen Führungen übrigens zum Valentinstag!

**Romantik-Plus:** Rittersaal und Kaminzimmer geben auch das passende Ambiente für ein romantisches Dinner ab. Die im Schloss beheimatete „Fabbrica Schloss Horst" bietet mediterrane Speisen im historischen Gemäuer. Im Sommer kann man vor den Toren des Schlosses speisen.

★ Schloss Horst, Turfstraße 21, 45899 Gelsenkirchen, www.schloss-horst.de; romantische Führungen: Denkmal-Werkstatt, Tel. (02 34) 8 59 60 43, www.denkmal-werkstatt.de, Führungen lt. Kalender, 21 € p. P.

★ Fabbrica Schloss Horst, Turfstraße 21, 45899 Gelsenkirchen, Tel. (02 09) 14 99 07 22, www.fabbrica-schloss-horst.de, Mi.-Fr. 17-23, Sa. 16-23, So. u. Feiertage 10-22 Uhr, Mo./Di. geschl.

## Kochkurse für Verliebte in der Kochwerkstatt Ruhrgebiet in Herten

Liebe geht ja bekanntlich durch den Magen. Und Männer oder Frauen, die etwas Außergewöhnliches und Schmackhaftes auf den Tisch zaubern können, haben im Datingdschungel immer ein **Ass im Ärmel.** Aber es gibt Rettung für Nur-Spiegelei-Brater und Tütensuppenköche: In Herten zaubern sie unter fachkundiger Anleitung ein Candle-Light-Dinner, das keine Wünsche offenlässt. Und das gleich zusammen mit der Herzensdame oder dem Herzensherrn. Die Kochwerkstatt Ruhrgebiet hat einen Kochkurs für Paare im Angebot, bei dem in entspannter Atmosphäre ein fünfgängiges Kerzenscheindinner gezaubert wird. Vier Stunden lang schnibbeln, köcheln, braten, schmoren und probieren die Teilnehmer gemeinsam. Späteres Hochzeitsmenü nicht ausgeschlossen …

Mit Koch und Feinschmecker Giovanni Chiaradia spielt hier ein ausgewiesener Fachmann drei- bis viermal pro Monat den **kulinarischen Amor.** Chiaradia hat lange in einem Sternerestaurant in Rom gearbeitet, gehört zu den „Tafelkünstlern", die die Firma Miele als Botschafter des guten Geschmacks aussucht, und hat bereits mehrfach die Gäste des Deutschen Fernsehpreises bekocht. Für das **Paarkocherlebnis** setzt der Koch gern mediterrane Gerichte auf die Speisekarte, bei denen natürlich die Handarbeit an erster Stelle steht. Aus der Tüte kommt hier nichts. Schließlich sagt die Handarbeit in der Küche einiges über die Menschen aus: Der/Die hat Geschmack und ist patent. Außerdem lässt er/sie nicht nur bedienen.

Untergebracht ist die Kochwerkstatt in einer alten Mühle in Herten. Rustikale, dunkle Holztische, Weinregale fast bis unter die Decke, dezente Dekoration und Kerzenlicht zaubern ein stilvolles und schönes **Wohlfühlambiente.**

Kochwerkstattgründer Giovanni Chiaradia und sein Team haben in den Kursen schon einigen Paaren den Weg in eine gemeinsame Zukunft gewiesen. Häufig kommen solche, die sich gerade erst kennengelernt haben und hier den/die Zukünftige(n) austesten wollen. Das gemeinsame Werkeln in der Küche lockert die Atmosphäre und schafft Nähe. Mindestens einmal endete die kulinarische Zweisamkeit im Hafen der Ehe: Ein Paar, das hier eines der ersten Treffen hatte, bat Chiaradia um die Organisation ihrer Hochzeit – stilecht auf der nahe gelegenen Halde Hoheward.

**Romantik-Plus:** Auf die Arbeit folgt das Vergnügen: Zum Abschluss werden die zubereiteten Köstlichkeiten gemeinsam verspeist. Im romantischen Kerzenschein, bei einer guten Flasche Wein und ausgezeichnetem Essen lassen die Paare den Abend ausklingen. Gegessen wird an einer stilvoll gedeckten langen Tafel – das lockert die Atmosphäre zusätzlich auf.

★ Kochwerkstatt Ruhrgebiet – Die Genuss Schule,
Hochstraße 9, 45699 Herten, Tel. (01 76)
38 95 85 31, www.kochwerkstatt-ruhrgebiet.de,
Pärchen- und Candle-Light-Dinner-Kochkurse
nach Programm, 80-90 € p. P.
(frühzeitig anmelden)

# Curry Station 52 in Dorsten

Ruhrgebiet ohne Currywurst, das ist wie Grönemeyer ohne Bochum. Oder wie ein Date ohne Herzflattern. Hier ist es auch durchaus legitim, Essenseinladungen mal anders zu interpretieren. Warum nicht **Pommes rot-weiß statt Wachteleier an Salatbouqet?** Allerdings sollte die Küche mit Stil betrieben werden. So wie die Curry Station 52 in Dorsten. Das Ambiente ist – sagen wir mal – außergewöhnlich: Gebrutzelt wird in einem denkmalgeschützten Tankstellenhäuschen aus den 1950er-Jahren. Damit ist die Curry Station nicht nur eine der ungewöhnlichsten Imbissbuden der Region, sondern wohl auch die mit der kleinsten Küche. Der ovale Kassenbau in der Mitte des ehemaligen Tankstellengeländes bietet gerade mal rund zehn Quadratmeter Bodenfläche – nicht größer als eine Einzelzelle im Gefängnis. Ganz klar, dass hier nur Platz zum Brutzeln, nicht aber zum Essen ist. Das wird nämlich nach draußen gereicht, gespeist wird dann nach Drive-in-Manier im eigenen Wagen oder an einem der kleinen Stehtische, die unter dem Regendach der alten Tankstelle Platz finden. Besonders schön ist die Atmosphäre am Abend, wenn die historische Tankstelle stimmungsvoll beleuchtet wird. Und noch mehr **Retrocharme** versprüht die Station, wenn sie durch passende Gefährte in Szene gesetzt wird. Denn die Imbissbude ist auch ein beliebtes

Ziel von Oldtimerfans und Bikern. Wenn chromblitzende Zweiräder, schnittige Straßenkreuzer oder Wirtschaftswundervehikel den Platz bevölkern, fühlt man sich beinahe wie in den Swinging Sixties oder den wilden 1970er-Jahren.

Natürlich bekommen hungrige Gäste hier nicht einfach eine Currywurst. Sie bekommen die Currywurst. Das Team der Station hat den Anspruch, die Leibspeise der Ruhrgebietler salonfähig zu machen. Dass ihnen das glückt, zeigt unter anderem eine Feinschmeckerauszeichnung. Jede Wurst gibt's in vier Geschmacksvarianten von fruchtig bis scharf. Sie kommen ohne Aromen, Zusatz- und Konservierungsstoffe aus. Und die Saucen sind quasi geadelt: **Sterne- und WDR-Fernsehkoch Björn Freitag** bereitet sie exklusiv für die nostalgische Curry-Tanke in seinem Restaurant zu. Und er hat weitere exklusive Saucen kreiert. Je nach Saison kann man seine Currywurst nicht nur mit Trüffel-Mayonnaise oder handgemachtem Ketchup, sondern auch mit Pflaume-Balsamico- oder Erdbeer-Grüner-Pfeffer-Tunke genießen. Und die hausgemachten Pommes schmecken mit Erdnuss-Wasabi-Crunch.

Egal wie: Eine Liebe findet man an der historischen Tankstelle in Dorsten bestimmt — mindestens die zur Currywurst ...

**Romantik-Plus:** So richtig innig wird's mit dem Paarmenü Big 52. Serviert wird in einer Schale für zwei. Die Frage „Möchtest du eine Currywurst mit mir teilen?" kann da schon zur Schicksalsentscheidung werden. Ein Tipp: Wer es noch etwas romantischer mag, kann ja mit einer Kerze sein eigenes Candle-Light-Dinner zaubern. So viel Stil und Kreativität kommen bestimmt an.

★ Curry Station 52, Bochumer Straße 52,
46282 Dorsten, Tel. (01 77) 4 42 98 68,
www.currystation52.de, Mo.-Sa. 11-21,
So. 13-20 Uhr, €

# Profi-Grill in Bochum-Watten-scheid

Mit einem Essen beim Sternekoch beweist man Stil und Geschmack. Mit Pommes und „Frikko" bekundet man die Liebe zum boden-ständigen Ruhrpott. Und beides zusammen? Beweist man mit einer Einladung in den Profi-Grill nach Bochum-Wattenscheid. Die bodenständige Pommesbude bietet alles, was zur klassischen Imbiss-küche gehört: Pommes, Frikadellen, Schaschlik, Rahmschnitzel. Und dennoch ist die unscheinbare Bude mitten im Ruhrgebiet wohl der **bekannteste Imbiss der Region.** Denn an Grill und Fritteuse steht ein echter Sternekoch: Raimund Ostendorp. Der gebürtige Niederrheiner kochte sich durch die exklusiven Küchen des Landes, zuletzt wirkte er im bekannten Düsseldorfer „Schiffchen". Vor gut 25 Jahren kehrte er der Haute Cuisine den Rücken und verwirklichte in Wattenscheid seinen Traum vom Imbiss.

Fast schon klischee-haft kommt die Bude daher: eine Glastheke mit Plastikgemüse und Salaten, ein Spielautomat in der Ecke, Wachstücher auf den Tischen. Aber die Bilder an den Wänden signalisieren es: Der Gast speist bei einem prominenten Küchen-meister. Die Fotos zeigen Ostendorp in verschiedenen TV-Sendungen – und gleich fühlt sich der Gast auch ein wenig besonders. Und genau dieses Gefühl soll sich ja beim Date einstellen. Gleichzeitig beweist die Einladung in den Wattenscheider Grill **Understatement.**

Der Profi-Koch lebt aber nicht nur von seinem guten Ruf, sondern natürlich auch von der Qualität seines Angebots: Die Saucen sind selbst gemacht, die Schnitzel eigenhändig geschnitten und paniert, das Fleisch wird wie bei Muttern in der Pfanne gebraten.

Imbiss-Chef Raimund Ostendorp hat schon viele Pärchen bewirtet und kennt die Phasen der Beziehung. Stecken sie noch in der romantischen Annäherung, schieben sie sich gegenseitig die Häppchen zum Probieren zu. Ein gutes Zeichen, findet der Chef. Ansonsten sind die Vorlieben klar verteilt: Der Mann bestellt meist Schaschlik, die Frau Currywurst. Auch Heiratsanträge wurden hier schon gemacht. Ein junger Mann hatte sogar eigens dafür einen Tisch für zwei mit Kerzen reserviert. Da konnte die Auserwählte gar nicht Nein sagen ...

**Romantik-Plus:** Nicht weit entfernt liegt der Stadtgarten Wattenscheid. Nach dem reichhaltigen Mahl im Profi-Grill könnte das Date mit einem hübschen Spaziergang durch den 1901 angelegten Park ausklingen. Besondere Anziehungspunkte sind zum Beispiel der Schwanenweiher und die Vogelvolieren. Außerdem finden sich hier einige seltene Baumarten wie Mammut-, Trompeten- und Tulpenbaum.

★ Profi-Grill Wattenscheid,
Bochumer Straße 96, 44866 Bochum-Wattenscheid,
Tel. (o 23 27) 8 23 61, www.profi-grill.de,
Mo.–So. 11–22 Uhr, €

★ Stadtgarten Wattenscheid, Stadtgartenring,
44866 Bochum-Wattenscheid, tägl. geöffnet,
Eintritt frei

„Wat machs du denn hier?"

# MANNI BREUCKMANN

**ehemaliger Hörfunkmoderator und Sportreporter,
ausgezeichneter „Bürger des Ruhrgebiets", kommt aus Datteln**

## Wo ist das Ruhrgebiet am romantischsten und warum gerade dort?

Der romantischste Ort ist natürlich die Kanallandschaft in Datteln, das Venedig des Ruhrgebiets. In Datteln treffen sich vier Kanäle, und dort auf den Treidelpfaden spazieren zu gehen, ist die Idylle pur. Wasser, Wiesen, Bäume, Schleusen, vorbeituckernde Schiffe – da kommt der Ruhri so richtig zur Ruhe.

## Wie knüpft man als echter „Ruhri" am besten den ersten Kontakt?

Der Anmachspruch aller Anmachsprüche lautet „Wat machs du denn hier?". Dadurch gibt der Anmachende zu erkennen, über welch originelles und kreatives Potenzial er verfügt; gleichzeitig bietet sich für die Angemachte eine breite Palette ebenso origineller Antwortmöglichkeiten, bis hin zum ultimativen „Verpiss dich, ey!".

## Was war Ihr romantischstes Erlebnis im Ruhrgebiet?

Im Mondpalast in Wanne-Eickel sah ich, wie Ronaldo und Julia trotz großer Widrigkeiten zusammenkamen. Stammten sie doch aus zwei rivalisierenden Gastwirtsfamilien, die eine blau-weiß, die andere schwarz-gelb. Wie die jungen Herzen trotz hoher Hürden zusammenkamen – Mann, war dat romantisch!

## Das erste Date! Wie und wo beeindruckt man den Partner in spe?

Der ideale Treffpunkt ist natürlich die Schalker Arena. Dort wird die Dame des Herzens von so einem erhebenden, beglückten Gefühl erfasst, dass sie für alle Annäherungsversuche weit, weit offen ist. Ich kann das aus eigener Erfahrung bestätigen, denn meiner Frau kam ich nach der Übertragung des Revierderbys im Schalker Stadion (damals war es noch das Parkstadion) romantisch näher.

## Wer ist für Sie das schönste Paar im Pott?

Das schönste Paar im Pott sind Herbert Knebel und seine Guste. Knebels Dame des Herzens wurde zwar noch nie und von niemandem gesichtet, wir kennen sie nur aus Herberts Erzählungen. Aber der rüstige Rentner Knebel kommt schon als Einzelkunstwerk dem abendländischen Schönheitsideal so gefährlich nahe, dass ein etwaiger Schönheitsabfall bei Guste nicht mehr zu Buche schlagen kann.

## Das Ruhrgebiet ist romantisch, weil ...

... der Ruhri dafür sorgt, dass urplötzlich auftretende Anwandlungen von Romantik und Rührseligkeit wieder schnell auf den Boden der Ruhrpottrealität zurückgeführt werden. Aber bevor es so weit ist, verdrückt er schon mal ein Tränchen; aber so, dass es keiner sieht.

♥ in Zahlen

Eine Umfrage des Partnervermittlers Parship hat ergeben, dass das Handy für die meisten Menschen das erklärte No-Go beim ersten Treffen ist. Als besonders nervig empfindet es die Mehrheit der 2000 Befragten, wenn das Gegenüber Statusmeldungen auf Facebook oder Twitter postet bzw. twittert (64 Prozent) oder – mindestens genauso schlimm – Handyfotos schießt und gleich online stellt (60 Prozent).

(Quelle: Parship ♥ )

# BEKANNTE PAARE
# DES RUHRGEBIETS II

### Das ungleiche „Paar": Horst Schimanski und Christian Thanner

Er ging in die deutsche Fernsehgeschichte ein: Der Kommissar, der
als Erster in der ARD „Scheiße" sagen durfte. Und das tat er oft, der
Herr Schimanski. Der Schauspieler Götz George (gestorben 2016)
verkörperte in 27 „Tatort"-Folgen und weiteren 17 Fernsehfilmen den
ruppigen Duisburger Kommissar. Wie kein anderer vor ihm prägte
Schimanski in den 1980er-Jahren das Bild vom Ruhrpott und seinen
Menschen: Rau, aber ehrlich. Bis 1997 ermittelte er mit seinem Partner
Christian Thanner, einem korrekten Beamten par excellence. In der
spannungsgeladenen Arbeitsbeziehung gab Thanner das Gewissen,
Schimanski die Faust. Immer wieder flogen bei dem ungleichen
Duo die Fetzen – und das höchst unterhaltsam. Als Thanner von
seiner Freundin vor die Tür gesetzt wurde, zog er sogar kurzzeitig bei
Schimanski ein – und gab mit Schürze und Putzlappen die Hausfrau.
Eberhard Feik, der den Thanner verkörperte, starb 1994.

### Das komische Paar: Herbert und Guste Knebel

Hebbert un' Guste sind mit Sicherheit eines der Traumpaare des
Ruhrgebiets. Auf der Bühne tritt Guste, die bessere Hälfte des fiktiven
Ruhrpottrentners Herbert Knebel zwar nie in Escheinung, aber dafür
erzählt Knebel gern ausführlich von ihr. Sicher ist: Die beiden müssen
schon auf eine lange und erfolgreiche Ehe zurückblicken können.
Immerhin haben sie auch zwei Enkel: Marcel (Marzel) und Jaqueline
(Dschackeliene), mit denen Herbert schon mal auf den „Hully-Gully-
Entsafter" auf der Kirmes geht. Und wenn's Krach gibt beim Dauer-
paar, dann singt der Herbert seiner Guste auch mal ein Ständchen.
Das Ehepaar Knebel wohnt in Essen.

## Wellness auf Gut Sternholz in Hamm

Abschalten, zur Ruhe kommen, Zeit zu zweit genießen – immer mehr Hotels bieten spezielle Arrangements für Paare, die eine kleine Auszeit vom Alltag nehmen wollen. Sich verwöhnen lassen, das hat auch immer einen Hauch von **Luxus.** Und eine Einladung zum Verwöhntag sagt unmissverständlich: Du bist meine Prinzessin/mein Prinz! Und die brauchen natürlich auch die passende Suite, zum Beispiel im Gut Sternholz in Hamm.

Der alte Gutshof ist selbst schon eine **Oase** im östlichen Ruhrgebiet: Das weitläufige Anwesen ist von üppigem Grün und wogenden alten Bäumen umgeben. Der Park grenzt direkt an ein Naturschutzgebiet und die Lippeaue.

Der alte Hof ist jetzt Wellnesstempel und Hotel. Sechs unterschiedliche Saunen – von der Dampf- über die Salz- bis zur Aufgusssauna

— bringen die Gäste ins Schwitzen. Im 50.000 Quadratmeter großen Park mit Pool können sich die Saunagäste zwischen den Gängen abkühlen und ausruhen. Im Wellnessbereich stehen Massagen, Bäder und Kosmetik auf dem Programm.

Und wer seinem Partner/seiner Partnerin etwas ganz Besonderes bieten will, der bucht ein Arrangement in der Day Spa Suite. Dieser private Wohlfühlbereich ist quasi ein **Königsgemach auf Zeit.** Für einige Stunden dreht sich hier alles nur um das Wohlbefinden der beiden Gäste. Alles ist auf **Wellness im Stereomodus** ausgerichtet: zwei Massageliegen, Duo-Badewanne, gemütliche Loungeecke. Dazu werden Badetücher und Bademäntel gestellt und Getränke gereicht. Hier kann man zu zweit im Orchideenblütenbad entspannen, Champagner trinken, eine Honigölmassage genießen und sogar beim Candle-Light-Dinner in Romantik schwelgen. Unterschiedliche Arrangements machen es möglich.

Die romantische und private Atmosphäre hat schon viele Paare „verführt": Die Private Day Spa Suite war bereits Schauplatz zahlreicher Heiratsanträge.

**Romantik-Plus:** Wer nach so viel Entspannung und Romantik gar nicht mehr nach Hause möchte, kann auch im angeschlossenen Hotel übernachten. Spezielle Arrangements für Verliebte sind in Vorbereitung.

★ Gut Sternholz, Im Giesendahl,
59071 Hamm, Tel. (0 23 88) 30 10 99-0,
www.gut-sternholz.de, Sauna & Wellness:
tägl. 9-23 Uhr, Preise für
Arrangements auf der Internetseite

# Mini-Hotel in Herdecke

„Kuschelig" ist das erste Wort, das Gästen beim Anblick des Mini-Hotels in Herdecke einfällt. Das denkmalgeschützte Fachwerkhaus steht auf einer Parzelle von nur rund 68 Quadratmetern Fläche. Vier Gäste finden in den zwei Einzel- und dem Doppelzimmer Platz. Damit ist das Haus in der Altstadt Herdeckes das vermutlich **kleinste Hotel Deutschlands,** verbrieft aber mindestens das kleinste in Nordrhein-Westfalen. Wo also sollte es sich besser kuscheln lassen? Zu zweit lassen sich hier entspannte, entschleunigte Tage und romantische Nächte inmitten des Ruhrgebiets verbringen.

Der Lauf der Jahrhunderte hat an dem kleinen Bürgerhäuschen Spuren hinterlassen: Es neigt sich ein wenig zur Seite, der winzige Anbau scheint das Ensemble beinahe zu stützen. Dennoch oder auch gerade deswegen strahlt das liebevoll restaurierte Gebäude Gemütlichkeit und Wärme aus: Die Fensterbänke zieren üppige Blumenkästen, hinter den Sprossenfenstern strahlen weiße Gardinen. Im Inneren drängt sich der Vergleich mit einer Puppenstube geradezu auf: Das Erdgeschoss beherbergt in einem einzigen Raum die winzige Küche mit den kleinen Esstischen, Sessel zum Ausruhen und einen Kaminofen. Im ersten Stock liegen die rustikal eingerichteten Zimmer.

Die **romantische Herberge** ist der ideale Ausgangspunkt, um die pittoreske Altstadt Herdeckes zu erkunden. Die „Stadt zwischen den beiden Ruhrseen" (Hengstey- und Harkortsee) im nördlichen

 Beeindrucken

Ennepe-Ruhr-Kreis hat noch viele Fachwerkhäuser aus dem 17. und 18. Jahrhundert zu bieten. Und das Mini-Hotel – übrigens gebaut im Jahr 1730 – liegt inmitten dieses **historischen Bachviertels.** Es gibt sogar einen ausgewiesenen Weg durch die malerischen Gassen der Altstadt. Insgesamt 630 Edelstahlnägel im Pflaster führen die Besucher. Auch das grüne Ruhrufer liegt in fußläufiger Nähe. Dazu streifen zahlreiche regionale und überregionale Wanderwege und touristische Routen die 26.000-Einwohner-Stadt – darunter der RuhrtalRadweg, die Kaiserroute und der Westfalenwanderweg. Am bekanntesten ist aber wohl der westfälische Jakobspilgerweg. Die 2008 eröffnete Route von Osnabrück über Münster und Dortmund bis nach Wuppertal führt auch durch Herdecke.

**Romantik-Plus:** Die Ruhe zu zweit können Paare ebenso am nahe gelegenen Ruhrufer genießen. Hier gibt es sehr schöne Plätze zum Picknicken.

★ Mini-Hotel Herdecke, Bachplatz 18,
58313 Herdecke, Tel. (0 23 30) 17 44,
www.minihotel-herdecke.de

## Übernachten im Bauwagen bei Ruhrcamping in Essen

Luxushotel kann jeder! Wer besondere **„Ruhrmantik"** sucht, sucht sich auch eine besondere Herberge. Finden können Romantiker sie zum Beispiel bei Ruhrcamping in Essen-Horst. Hier, gar nicht so weit von den Hochhäusern und lärmenden Straßen der Stadt, ist das Ruhrgebiet ein reines Idyll: Sanft schwappt das Wasser der Ruhr ans Ufer, Enten watscheln vorbei, Bäume wiegen sich sanft im Wind. Weil das Schlafen unterm Sternenhimmel am Ufer der Ruhr wirklich sehr romantisch, aber Luftmatratzen und Isomatten leider auch sehr unbequem sind, bietet der Campingplatz eine ganz besondere Übernachtungsmöglichkeit: Schlafen im Bauwagen. Oder, wie es die Betreiber nennen: im **Mini-Hotel auf Rädern.**

Mit dem Konzept hat es der Campingplatz im 10.000-Einwohner-Stadtteil zu einiger Berühmtheit gebracht. Insgesamt acht bunte Bauwagen stehen auf dem Areal, das sie sich mit nur wenigen Campern teilen. Denn der Platz nahe dem RuhrtalRadweg pflegt seine Beschaulichkeit. Maximal 40 Gäste nimmt die Chefin an. Schließlich sollen die „Camper" hier Ruhe finden.

Die hölzernen Wagen bieten alles, was das Gästeherz begehrt: echte Betten, eine kleine Küchenzeile, Sitzecken und sogar (mit zwei Ausnahmen) ein Mini-Bad und WC. Zwei Gäste kommen hier bequem unter. Geschlafen wird nicht nur in Etagenbetten, sondern auch in kuscheligen Doppelbetten. Die Unterkünfte mit Namen der Essener Stadtteile wie Rüttenscheid oder Werden sind allesamt individuell mit **Liebe zum Detail** eingerichtet und bieten freien Blick aufs Wasser. „Überruhr" ist sogar speziell für romantische Wochenenden gedacht: Der Bauwagen ist für zwei Personen eingerichtet und steht separat ganz nah am Ufer, mit **Logenblick aufs Ruhridyll.** Sogar ein französisches Bett gibt es hier. Auf den Stühlen vor dem Wagen lässt sich der Ausblick besonders gut genießen.

Dass sich bereits einige Paare von der romantischen Atmosphäre inspirieren ließen, dokumentiert das Gästebuch. Die Bauwagen haben schon so manchen Heiratsantrag erlebt.

**Romantik-Plus:** Weil die Besitzerin des Campinglatzes ein Herz für Paare hat, ist auf Anfrage (fast) alles möglich, was den Aufenthalt für zwei Verliebte zur bleibenden Erinnerung macht. Blumen werden gern vorbestellt, aber auch Rosenblätter für die besondere Atmosphäre. Den Kühlschrank könnte man sich ebenfalls füllen lassen.

★ Ruhrcamping, In der Lake 76, 45279 Essen-Horst, Tel. (01 78) 1 56 39 10, www.ruhrcamping.de, Apr.–Okt., Übernachtung im Bauwagen ab 40 € pro Nacht

# Restaurant Finster in Essen

In Essen bekommt der Begriff „Blind Date" eine völlig neue Bedeutung: Das Restaurant Finster ist nämlich – wie der Name schon suggeriert – zappenduster! Gespeist wird in völliger Dunkelheit. Die genauen Zutaten der Menüs bleiben ebenfalls im Dunkeln. Schließlich sollen die Gäste sich ganz auf ihre Sinne außerhalb des Sehens konzentrieren. Das ist ungewohnt und zu Beginn ein wenig schwierig – beim Date hat die Dunkelheit aber auch ungeahnte Vorteile: Nervöse Datingpartner brauchen das peinliche Erröten nicht zu fürchten – ihre Gesichtsfarbe bleibt ja im Dunkeln. Auch der Fleck auf dem Hemd, verschmierte Wimperntusche, die berühmte Nudel im Mundwinkel oder die Wahl der falschen Gabel bleiben beim **Dunkeldinner** unentdeckt. So plaudert und speist es sich doch sehr entspannt! Nur

zu lautes Schmatzen sollte man im Finster tunlichst vermeiden. Das **Blind Date** im eigentlichen Wortsinn beginnt an der Tür zum Speiseraum. Der Vorraum ist noch beleuchtet. Hier legen die Gäste ihre Garderobe, aber auch leuchtende Armbanduhren, Handys oder andere leuchtende oder fluoreszierende Gegenstände ab. Nichts soll die absolute Dunkelheit im Inneren stören. Die beginnt hinter der Tür – und zwar so absolut und undurchdringlich, dass man die sprichwörtliche Hand vor Augen nicht mehr sehen kann. Licht ins Dunkel bringt der persönliche Kellner. Das Servicepersonal – selbst stark sehbehindert oder blind – geleitet alle

Neuankömmlinge sicher zu den Tischen. Er oder sie bleibt stets in der Nähe, beantwortet Fragen, weist den Weg zu den Toiletten oder in die Raucherpause, serviert das Essen und liefert auch eine kurze Navigation für den Teller. Woher soll der Gast auch wissen, wo das Fleisch liegt? Was genau serviert wird, verrät der Küchenchef im Vorfeld nicht. Die Gäste sollen riechen und schmecken, was auf ihren Tellern ist. Lediglich die Art des Menüs wählen die Finster-Esser im Vorfeld aus. Acht stehen zur Auswahl, darunter z. B. **WILD, italienisch** oder **vegan.** Weiteres wird nicht verraten.

Im „Finster" hat es auch schon echte „Blind Dates" zum Kennenlernen gegeben. Zwei Stunden lang hatten vorangemeldete Männer und Frauen Zeit, sich unvoreingenommen kennenzulernen. Flirten, ohne sich zu sehen, das war wohl vielen Männern unheimlich. Weil sich zu wenige Herren meldeten, wurde das Angebot eingestellt. Wer sich traut, kann sich aber sein persönliches „Blind Date" schaffen. Der Begriff ist in dem Fall wörtlich zu verstehen. Man trifft sich nicht vor, sondern im Lokal, wo es dunkel ist und man sich erst einmal nicht sieht. Das kann man schließlich auch noch danach …

**Romantik-Plus:** Auf Händen tragen war gestern – im Hummer kommt der/die Auserwählte viel bequemer ins Restaurant. Wer zeigen will, wie „very important" die Essensbegleitung ist, bucht den VIP-Shuttle des Finster. Der massige amerikanische Geländewagen bringt die Gäste auf Wunsch zum Restaurant oder von dort nach Hause. Standesgemäß hält der Chauffeur natürlich auch eine Flasche Prosecco für die Fahrt bereit.

★ Restaurant Finster, Steinhausenstraße 26,
45147 Essen-Holsterhausen, Tel. (02 01) 4 51 95 67,
www.finster-essen.de, tägl. 17.30-24 Uhr,
Di. geschl., Drei-Gänge-Menü ab 38,50 €,
VIP-Shuttle auf Anfrage

# Historischer Jahrmarkt in der Jahrhunderthalle in Bochum

Gemeinsam Zuckerwatte schlecken, Hand in Hand auf dem Ketten-karussell beschwingte Runden drehen oder der Angebeteten eine Rose schießen – ein Rummel kann so romantisch sein! Erst recht, wenn er so viel **Nostalgie** verbreitet wie der historische Jahrmarkt in der Jahrhunderthalle Bochum. Einmal im Jahr, meist im Februar und März, verwandelt sich die imposante Industriehalle an drei Wochen-enden in den größten historischen Indoorjahrmarkt Europas. Dann füllt sich die Luft in dem Industriedenkmal mit dem süßen Duft nach frischem Pop-

corn, gebrannten Mandeln und Zuckerwatte. Im nostalgi-schen Ambiente zwischen jahrhundertealten Fahrge-schäften herrscht buntes Treiben und fröhliche Jahrmarktmusik erfüllt den Raum. Der perfekte Ort für einen gemeinsamen Ausflug – ob nur für ein paar Stunden oder den ganzen Tag.

Im Inneren der mehr als 3300 Quadratmeter großen Halle mit ihren Stahlträgern, den hohen Decken und großen Dachfenstern können Jahrmarktfans bei einem Rundgang entlang der bunten Stände dem kalten und nassen Winterschmuddelwetter entfliehen. In der Jahrhunderthalle können Paare noch mit reiner Muskelkraft in luftige Höhen schaukeln oder im historischen Riesenrad auf **Wolke sieben** schweben. Ein buntes Lebkuchenherz mit einer süßen Nachricht für den Schatz macht einen Tag auf dem Historischen Jahrmarkt unvergesslich (lecker).

Besucher zahlen nur einen einmaligen Eintritt. Danach können sie alle Attraktionen beliebig oft nutzen.

**Romantik-Plus:** Eine Runde auf der Raupe drehen – selbstverständlich mit herabgesenktem Verdeck für die richtige Knutschatmosphäre. Händchen halten bei einem „Flug" auf dem Kettenkarussell oder sich näher kommen beim gemeinsamen Gruseln in der Geisterbahn!

★ Historischer Jahrmarkt in der Jahrhunderthalle Bochum, An der Jahrhunderthalle 1, 44793 Bochum, Tel. (02 34) 3 69 31 00, www.jahrhunderthalle-bochum.de, jährl. Febr. Sa./So. 11–20 Uhr, Erw. 15 €, Rollstuhlfahrer 15,00 € + 1 Begleitperson frei

# Dschungeldinner im RYOKAN in der ZOOM Erlebniswelt in Gelsenkirchen

Exotische Speisen unter Palmen, Kerzenschein, ein laues Lüftchen – wer seine(n) Angebetete(n) mit dem Duft der weiten Welt beeindrucken will, muss nicht gleich ein Privatflugzeug chartern. Er/Sie muss nur bis Gelsenkirchen fahren. Die dortige ZOOM Erlebniswelt wartet nicht nur mit einer Weltreise durch die Tier- und Pflanzenwelt auf, sondern auch mit einem Restaurant der besonderen Art. Das dem Zoo angeschlossene RYOKAN serviert seine Speisen nämlich im **Tropengarten.** Die Gastronomie hat eine ganz spezielle „Außenterrasse" in der Tropenhalle der Erlebniswelt Asien. In der 4500 Quadratmeter großen Halle erstreckt sich ein tropischer Regenwald. In diesem Lebensraum sind z. B. Orang-Utans zu erleben. Rund 3000 exotische Pflanzenarten, Wasserspiele und frei fliegende Vögel machen den Dschungel in der Halle lebendig.

Und so sitzen die Gäste quasi mitten im dichten Wald. Unter einem großen hölzernen Pagodendach laden fein gedeckte Tische zum Speisen ein. Besonders **exotisch** und romantisch wirkt das im abendlichen Dämmerlicht: Die Tiere des Dschungels sorgen für fremdartige Hintergrundmusik, ein Brunnen plätschert beruhigend, die Luft ist lau, die Beleuchtung romantisch. Dazu sorgt der Koch des Hauses für erlesene Gerichte mit eurasischer Geschmacksnote. Auf den Teller kommen zu den Abendöffnungszeiten vorwiegend asiatische Speisen wie Indonesischer Garnelen-Meeresspargel-Cocktail oder Currys. Im Dämmerlicht kann man sich ganz weit weg träumen ...

Zudem sind die Dinnergäste hier nach dem Zoo-Feierabend ganz unter sich. Oder zumindest fast: Denn bei Einbruch der Dunkelheit werden die Dschungelbewohner besonders aktiv: Im exportierten asiatischen Regenwald Gelsenkirchens leben nämlich Flughunde und zahlreiche Vogelarten wie die chinesische Nachtigall. So können die Gäste den Flughunden bei ihren Rundflügen zuschauen – aber keine Angst: Zum Tisch kommen die scheuen Tiere nicht. Beobachten lassen sie sich aber vom geschützten Platz unter der Pagode gern.

**Romantik-Plus:** Dschungelfeeling bietet das RYOKAN auch beim Ja-Wort. Wenn es gewünscht wird, traut der Standesbeamte im Restaurant inmitten des Ruhrgebietsdschungels. Anschließend kann die Hochzeitsgesellschaft dann gleich im Tropengarten und in den angrenzenden Holzpavillons oder aber in separaten Räumen feiern.

★ RYOKAN Gastronomie in der ZOOM Erlebniswelt, Bleckstraße 64, 45889 Gelsenkirchen, Tel. (02 09) 9 54-5288, www.ryokan.de, Abendgastronomie Fr.–So. 18–23 Uhr

„Tach, wie geht's?"

# HEINRICH WÄCHTER

**(Fernseh-)Koch, Gründer des Köcheclubs Gelsenkirchen, Träger des Bundesverdienstkreuzes und des Titels „Bürger des Ruhrgebiets", kommt aus Gelsenkirchen, www.kochen-im-revier.de**

## Wo ist das Ruhrgebiet am romantischsten und warum gerade dort?

In den vielen Erholungsgebieten einfach mal die Seele baumeln lassen. Das kann auf dem See sein beim Rudern (Berger See in Gelsenkirchen-Buer), auf dem Kanal mit der weißen Flotte Mülheim an der Ruhr, auf der Bank im Park (Gruga Park in Essen), beim Zuschauen der Natur, beim Aufenthalt im ZOOM in Gelsenkirchen oder bei einem Besuch der Industriekulturen, also einer der zahlreichen Sehenswürdigkeiten im Ruhrgebiet.

## Wie knüpft man als echter „Ruhri" am besten den ersten Kontakt?

Erster Kontakt: „Tach, wie geht's?" oder „Perle, watt läuft?!"
Das erste Date: Da würde ich die Partnerin in spe zu einem romantischen Dinner einladen, genauer gesagt zu einem Schmackofatz-Menü bei Frank Rosin in Dorsten-Wulfen. Das gute Essen, der freundliche Service und das anspruchsvolle Ambiente sorgen garantiert für Kribbelfaktor, da es hier ausgefallen und raffiniert ist. Frische, hochwertige Zutaten in abwechslungsreicher Zubereitung – professionell, spontan und offen für aktuelle Einflüsse. Somit ist es nicht nur beeindruckend für die Partnerin, dabei genießt man einen schönen Abend mit netten Gesprächen. Das ist töffte!!!!

## Was war Ihr romantischstes Erlebnis im Ruhrgebiet?

Das romantischste Erlebnis sieht für mich so aus: Zu Beginn ein romantisches Dinner auf der Rungenberg Halde in Gelsenkirchen, dann eine Haldenwanderung mit Helm und Grubenlampen (Trägerverein HUGO Schacht 2 e. V.) und abschließend den Sonnenuntergang mit wunderschönem Blick auf das nächtliche Buer und das Ruhrgebiet genießen. Auch von einem romantischen Picknick habe ich genaue Vorstellungen: Auf einer Picknickdecke packe ich meinen Picknickkorb aus, er ist bestückt mit einem Strauß Blumen, den ich auf den Wiesen und Feldern gesammelt habe. Als Getränk habe ich eine selbst hergestellte Limonade mit Bügelverschluss dabei, natürlich gekühlt. Des Weiteren befinden sich im Henkelmann ein Salat aus dem Garten (Kopfsalat, Salatgurke, Tomaten, Bohnen), knusprige Abendbrötchen vom Bäcker und eine Fleischwurst vom Metzger Bellendorf (Lembeck), die ich nun auf ein Brettchen in einzelne Scheiben schneide. Als Dessert gibt es einen Vanillepudding mit frischen Himbeeren, die ich natürlich vorher selbst gepflückt habe beim Bauern. Alphornbläser und ein Feuerspucker vollenden dieses einmalige Erlebnis.

## Das erste Date! Wie und wo beeindruckt man den Partner in spe?

Siehe vorherige Antwort. Auf der Rungenberghalde, kulinarisches Essen an einer Tafel mit Alphornspielern und einem Feuerspucker und damit verbunden die Sicht auf das Lichtermeer vom Ruhrgebiet.

## Wer ist für Sie das schönste Paar im Pott?

Das ist relativ, für mich die Currywurst mit Pommes von der Bude, und das ist adelig!

in Zahlen

Was den Literaturgeschmack betrifft, ist Gelsenkirchen Deutschlands heimliche Romantik-Hauptstadt. Onlineversender Amazon hat für das Jahr 2015 eine Top 20 der romantischsten Literaturstädte Deutschlands erstellt. Die Revierstadt Gelsenkirchen landete auf dem Siegerpodest: Hier wurden die meisten romantischen Titel pro Einwohner gelesen.

(Quelle: Amazon Deutschland Services GmbH)

# Wellness für zwei im Maritimo in Oer-Erkenschwick

Entspannen, sich verwöhnen lassen, ruhige Stunden zu zweit verbringen und eine genussvolle Auszeit nehmen – ein gemeinsamer Wellnesstag macht den Kopf erst richtig frei für romantische Gefühle. Wenn der Alltag nervt, der Chef nörgelt und der Regen nieselt, ist es Zeit für einen gemeinsamen **Miniurlaub,** um Kopf und Herz wieder in Einklang zu bringen. Eine gute Urlaubsadresse dafür gibt's im nördlichen Ruhrgebiet, in Oer-Erkenschwick: das Maritimo Wellnessresort. Auf fast 6500 Quadratmetern Fläche lockt das Resort am Rande des Stimbergparks mit Wasser, Wellness und Wärme in entspannter Atmosphäre.

Dank der strikten Trennung von Bad und Spa setzen Ruhe und Entspannung gleich hinter dem Eingangsbereich ein: Sanfte Musik senkt den Stresspegel, Räucherstäbchen verbreiten beruhigende Düfte, Buddhastatuen und Bambuspflanzen wecken Erinnerungen an exotische Urlaube. Holz, Dunkelrot- und Goldtöne verpassen dem Alltag ein entspanntes Gesicht – und dem Gast auch. Und weil es sich zu zweit eben viel schöner träumen lässt, bucht man am besten ein romatisches Arrangement für zwei. Davon hat das Maritimo gleich mehrere im Angebot, von der Basisromantik namens „Genuss im Duett" für einen ganzen Tag Aufenthalt inklusive gemeinsamen Bads und Cocktail bis hin zur Dreisternevariante „Rajawatu de Luxe" mit einem königlichen balinesischen **Wellnessritual,** Kokosnusspeeling, Cocktail und Abendessen im angeschlossenen Restaurant.

Romantik pur verspricht auch ein gemeinsames Bad. Das Kleopatra-und-Cäsar-Bad verwöhnt zwei Turteltauben in der großen Wanne mit Badeessenzen wie Coco-Vanilla-Creme, Ziegenmilch oder Champagneröl.

Um den Traum vom gemeinsamen Romantikurlaub perfekt zu machen, reicht ein Schritt vor die Tür. Im weitläufigen Saunagarten warten Strandkörbe, Liegen und Ruhehäuser auf Kurzurlauber. Die Füße im Sand, in der Hand einen Cocktail – und plötzlich ist der Alltag weit weg. Zwischendurch bietet sich noch ein Besuch im Hamam oder einer der neun weiteren Saunen an.

**Romantik-Plus:** Wem nach der romantischen Auszeit noch der Sinn nach einem Spaziergang Hand in Hand steht, dem sei der Stimbergpark empfohlen. Das Maritimo liegt mitten im Park, der in den 1960er-Jahren angelegt wurde. Der Park wiederum grenzt an die Haard, eines der ausgedehntesten Waldgebiete im Ruhrgebiet. Vom kleinen Spaziergang bis zur kleinen Wanderung ist hier alles möglich. Bis zum namensgebenden Stimberg sind es knapp 30 Minuten. Von der höchsten Erhebung der Haard (knapp 157 Meter) haben Romantiker einen schönen Blick über die bewaldete Landschaft.

★ Maritimo Wellness Resort, Am Stimbergpark 80, 45739 Oer-Erkenschwick, Tel. (0 23 68) 69 80, www.maritimo.info, Sauna und Wellness: Mo.-Do. 9-23, Fr./Sa. 9-24, So. u. Feiertage 9-21 Uhr, 24. Dez. u. 1. Jan. geschl., Preise für Arrangements siehe Internetseite

# FÜR SIGHT-SEEING-FANS: BEEINDRUCKEN MIT SCHÖNEN AUS- UND ANSICHTEN

Ein schöner Ausblick, ein ruhiges Plätzchen in der Natur, ein leuchtend roter Sonnenuntergang – das ist quasi der Inbegriff von Romantik. Überall dort, wo dem Menschen das Herz aufgeht, ist Platz für Verliebte oder solche, die sich noch verlieben wollen. Orte, an denen man seinen Kopf an die Schulter des anderen lehnen und wo man einfach stundenlang Händchen halten möchte. Wo der Blick und die Gedanken schweifen können. Klassischerweise ist der Strand ein solcher Ort. Liebesromane, Kinoromanzen oder TV-Liebesfilme haben uns den Sonnenuntergang am Meer ins kollektive romantische Gedächtnis geimpft. Aber es geht auch anders: Im Ruhrgebiet genießt man mit seiner Angebeteten oder seinem Herzbuben den Sonnenuntergang von der Halde aus, lässt sich von Lichtinstallationen beeindrucken, hält Händchen mit Blick auf das grüne Ruhrtal oder in den funkelnden Sternenhimmel.

## Ausflug ins Wichteltal in Essen-Überruhr

Abseits der gepflegten Parks und sorgfältig angelegten Gartenanlagen der Region wartet in Essen-Überruhr ein **wildromantisches Ausflugsziel** auf Verliebte: das Wichteltal. Wildes Grün, Relikte aus vergangenen Jahrhunderten, alte Treidelpfade und ein schon um 1880 stillgelegter Hafen prägen eines der ersten Bergbaugebiete der Region. Schon im 17. Jahrhundert förderte hier eine der ersten Ruhrgebietszechen Kohle. Gebäudereste der Zeche Mönkhoffsbank, die 1867 geschlossen wurde, lugen an der ein oder anderen Stelle durch das satte Grün. So wird der romantische Spaziergang im südöstlichen Stadtteil Essens auch zu einem **Ausflug in die Vergangenheit.**

 Mitten durch das direkt an der Ruhr gelegene Tal führt ein Rad- und Wanderweg, der zum Teil auch den alten Leinpfad nutzt. Auf ihm wurden im 19. Jahrhundert die mit Kohle beladenen Ruhraaken gezogen oder eben „getreidelt". Hier im Wichteltal ist sogar noch

ein Teil des jahrhundertealten Kopfsteinpflasters vorhanden. Ebenso alt ist auch die Bogenbrücke, über die der Pfad bis zum alte Holteyer Hafen führt. Die Natur hat sich hier ihr Terrain gründlich zurückerobert. Sträucher und Bäume wachsen bis ans Ruhrufer und den Rand des alten Hafenbeckens. Auch hier legen schon lange keine Aaken mehr an, dafür werfen Angler ihre Ruten aus.

Folgt man dem Weg, trifft man z. B. auf die Ruinen der frühen Zeche Mönkhoff, aber ebenso auf hübsch restaurierte Zechenhäuser aus Ruhrsandstein oder sogar – als Beweis, dass man noch in der Jetztzeit weilt – auf Kunstobjekte. Durch Überruhr verläuft nämlich ein Teil des **Kunstpfades Ruhr.** Zu sehen ist hier z. B. ein mit bunten Plexiglasscheiben verkleideter Strommast.

**Romantik-Plus:** Im Wichteltal, gleich an der Mönkhoffstraße, versteckt sich noch ein weiteres romantisches Ziel: die Friedenskapelle. Zwar ist sie noch nicht so alt wie die Zeugen des Ruhrbergbaus im Tal, doch nicht weniger märchenhaft. Mitten im Wald, zwischen wucherndem Grün, liegen die 1961 erbaute Kapelle und der dazugehörige Kreuzweg. Das Gotteshaus in Miniaturformat bietet Platz für nicht mehr als vier kleine Kirchenbänke. Die gewölbte Altardecke ziert eine Deckenmalerei. Ein mit Reet gedecktes Vordach schützt den Eingang. Sogar eine kleine Glocke gibt es hier, die direkt aus dem Altarraum heraus geläutet werden kann.

★ Wichteltal in Essen-Überruhr,
Zugang zum Rad- und Wanderweg
z. B. über Parkplatz, Alte Hauptstraße 69,
45289 Essen-Burgaltendorf

★ Friedenskapelle der Heiligen Eucharistie,
Mönkhoffstraße 55a, 45277 Essen

# Burguine Volmarstein in Wetter

Eine verwunschene Ruine, eine Geschichte voller Machtkämpfe und Eroberungen und ein wunderbares Panorama – im Südosten der Metropole Ruhr bietet die Stadt Wetter ein romantisches Ausflugsziel mit Weitblick. Hoch über der Stadt erhob sich einst die stolze Burg Volmarstein. Zwar ist heute nur noch die Ruine erhalten, aber das tut dem **Zauber** keinen Abbruch.

Vom ehemaligen Dorf Volmarstein, heute ein Stadtteil von Wetter, gelangt man zu Fuß bis auf die Anhöhe. Zwischen den erhaltenen Grundmauern und den Überresten dreier Türme haben Besucher einen wunderbaren Blick auf das historische Volmarstein, die Stadt Wetter, den Harkortsee und den Ruhrbogen. Auch Herdecke ist von der Burg Volmarstein aus zu sehen. In der Ferne erhebt sich das Ardeygebirge. Der grüne Höhenzug erstreckt sich von Dortmund über den Kreis Unna und den Ennepe-Ruhr-Kreis, zu dem auch Wetter gehört. Und so hat das Bild, das sich den Burgbesuchern bietet, nur wenig mit den klassischen Vorstellungen des Ruhrgebiets zu tun.

Wer den tollen Blick ausgiebig genossen hat, kann auf Entdeckungstour durch die Ruinen gehen. Alle Mauern sind entsprechend gesichert und begehbar. Das Gelände hat schon beinahe etwas von einem

Park. Zwischen den alten Mauern finden sich überall **verwunschene Plätze,** die zur kurzen Rast einladen. Einer der Türme ragt sogar an einer Seite noch rund drei Meter hoch auf – so bietet sich ein hübsches Schattenplätzchen. Hier findet sich auch ein Hinweis auf die bewegte Geschichte der Wehranlage. „Diese im Jahr 1100 von dem Erzbischof von Köln erbaute und von den Herren von Volmarstein bewohnte Burg wurde 1324 von dem Grafen von der Mark erobert und zerstört", so lautet die angebrachte Inschrift. Aber damit endete die Geschichte noch nicht: Nach dem Wiederaufbau wurde die Burg bis ins 16. Jahrhundert hinein als Schoss bewohnt. Danach verfiel sie.

Heute dient sie auch als Kulisse für Veranstaltungen wie Mittelalterfeste und ein Irish Folk Festival.

**Romantik-Plus:** Unterhalb der verfallenen Burg liegt das Burghotel Volmarstein. In den historischen Gemäuern, die einst zur Anlage gehörten, lässt sich heute stilvoll speisen. Der kleine Innenhof, die gemauerten Torbogen und das alte Gemäuer zaubern eine romantische Atmosphäre. Schon seit 1642 sind Hotel und Gaststätte in Familienbesitz. Im 19. Jahrhundert führten die Vorbergs hier eine Poststation mit Herberge. Auch von hier aus lässt sich der Blick ins Ruhrtal genießen. Auf der Speisekarte stehen westfälische Spezialitäten und natürlich auch Kaffee und Kuchen.

★ Burg Volmarstein, Kramerweg,
  58300 Wetter-Volmarstein

★ Burghotel Volmarstein, Am Vorberg 12,
  58300 Wetter, Tel. (0 23 35) 9 66-10,
  www.burghotel-volmarstein.de,
  Restaurant tägl. 12-14 u. 18-22,
  Burgschänke tägl. ab 18 Uhr

# Herbstleuchten im Maximilianpark in Hamm

Geheimnisvoll schimmernde Bäume, illuminierte Wege, leuchtende Wasserflächen: Jedes Jahr im Herbst öffnen sich im Maximilianpark in Hamm die Türen zu einer **romantischen Welt aus Licht.** Im Oktober, wenn die Sonnenstunden gezählt sind und die frühe Dämmerung die Betriebsamkeit des Tages in die Schranken weist, setzt das Herbstleuchten den Park ins rechte Licht. Farb- und Lichtinszenierungen verwandeln das ehemalige Landesgartenschaugelände in eine Welt voll zauberhafter Stimmungen.

Rund zwei Wochen lang lädt der Maxipark zum romantischen Lichterbummel am Abend ein. Die Wege im Park sind ebenfalls beleuchtet, sodass man das Areal stolperfrei erkunden kann – gern natürlich auch Hand in Hand. Entlang eines ausgewiesenen Parcours schlendern die Besucher von Lichtkunstwerk zu Lichtkunstwerk. Zwischen den geheimnisvoll leuchtenden Gebäuden, den bunten Nebelschwaden und schimmernden Baumwipfeln tauchen die unterschiedlichsten Installationen auf. Rund einen Kilometer lang ist dieser Hauptweg. Dazwischen zweigen aber auch immer wieder Seitenwege ab, die in dem zauberhaften Licht beinahe verwunschen wirken. Sie erschließen die kleineren und größeren **Lichtkunstwerke** der Nacht.

Zu den Höhepunkten des Parcours zählt in jedem Jahr natürlich die Inszenierung des Glaselefanten. Das Wahrzeichen des Parks leuchtet in den unterschiedlichsten Farben, die Inszenierung wird noch durch Video- und Klangkunst ergänzt.

Einen tollen Blick über den Park und die Umgebung hat man von der Aussichtsplattform des Glaselefanten aus. Der Aufzug führt durch den Rüssel in 35 Meter Höhe. Dort, im Kopf des Kolosses, befindet sich ein Garten mit kinetischen Objekten, die sich auf Knopfdruck in Bewegung setzen.

Der vielleicht romantischste Ort inmitten dieses **Lichtermeeres** ist das Seeufer im südwestlichen Teil des Parks. Die Bäume am Wasser erstrahlen in den unterschiedlichsten Farben, das Wasser spiegelt das Lichtspektakel wider. Die Bänke am Ufer laden ein, die Farben und das Licht ganz in Ruhe auf sich wirken zu lassen. Hier können Besucher regelrecht Licht tanken für die dunkle Jahreszeit.

**Romantik-Plus:** Bevor die Lichter eingeschaltet werden, lohnt sich ein Besuch bei den farbenprächtigsten Bewohnern des Maxiparks. Zu den Attraktionen des Parks gehört das größte Schmetterlingshaus von Nordrhein-Westfalen. Falter von bis zu 80 tropischen Arten fliegen frei durch dieses kleine Paradies. Auf rund 450 Quadratmetern tummeln sich große und kleine, bunte und schwarz-weiße Schmetterlinge. Gerne setzen sie sich den Besuchern auch auf die Hand oder den Kopf. So viel Schönheit der Natur ist schon einen romantischen Ausflug wert.

★ Maximilianpark Hamm, Alter Grenzweg 2,
59071 Hamm, Tel. (0 23 81) 98 21 00,
www.maximilianpark.de, Park geöffnet
Okt.–März tägl. 10–19, Apr.–Sept. tägl. 9–21 Uhr,
Erw. 4,50 €; Herbstleuchten 2 Wochen im Okt.
tägl. 19–22 Uhr, Erw. 6 €

★ Schmetterlingshaus im Maximilianpark Hamm,
Ende Feb.–Anfang Okt. 10–18,
beim Herbstleuchten tägl. 10–19, Ende Okt.–
Anfang Nov. 11–17 Uhr, Erw. 3 €

# Tetraeder in Bottrop

Wenn man nach romantischen Orten im Ruhrgebiet fragt – der Tetraeder wird beinahe immer genannt. Was hat es auf sich mit der stählernen Gerüstpyramide auf dem Gipfel der Halde Beckstraße in Bottrop? Vielleicht bringt der offizielle Name auf die Spur: **Haldenereignis Emscherblick,** so heißt die Landmarke aus Halde und Installation nämlich. Und das nicht ohne Grund: Denn der Blick von der oben im Tetraeder angebrachten Aussichtsplattform ist wirklich ein Ereignis! Fast 60 Meter hoch ist das Stahlgerüst, auf knapp 42 Metern schwebt die höchste der insgesamt drei Aussichtsplattformen. Stahlseile halten sie in einer leicht geneigten Position – also nichts für schwache Nerven! Wer es bis hierhin geschafft hat, wird mit einem atemberaubenden Ausblick belohnt: Bei klarem Wetter liegt dem Betrachter das Ruhrgebiet zu Füßen. Im Westen liegt Duisburg, erkennbar an den Schloten der Stahlwerke und Chemieunternehmen. Im Vordergrund rauscht der Verkehr auf der Autobahn 42 vorbei. Dahinter, gen Westen, thront der Gasometer, wie der Tetraeder ein Ankerpunkt der Route der Industriekultur durchs Ruhrgebiet. Gleich daneben wuseln Menschen durch das Einkaufszentrum CentrO. Östlich ist die Veltins-Arena „AufSchalke" in Gelsenkirchen zu sehen. Südlich erhebt sich die Skyline von Essen. Ortsunkundigen erklären

Schautafeln, was in welcher Richtung zu sehen ist. **Nee, wat schön!** So geht Ruhrgebietsromantik! Das Haldenereignis ist eines der beliebtesten Ausflugsziele der Region und ein bevorzugter Ort für Dates. Davon zeugen immer wieder in den Kies gemalte Liebesbotschaften auf dem Haldengipfel. Der Ausblick hat es vielen Paaren offenbar angetan – und vielleicht auch der gemeinsame Nervenkitzel. Denn zu den Aus-

sichtsplattformen gelangt man nur über eine freischwebende Treppe. Zudem schwanken die Plateaus im Wind – da muss man sich schon fest an den Händen halten.

**Romantik-Plus:** Einen ganz besonderen Reiz entwickelt der Tetraeder in der Dunkelheit. Der obere Teil wird durch eine Lichtinstallation des Künstlers Jürgen Fischer illuminiert. So weit das Auge reicht sind Tausende kleine und große Lichter zu sehen. In der Dunkelheit entwickelt der Ballungsraum Ruhrgebiet eine ganz eigene Schönheit. Wer kann, sollte hier einen Sonnenauf- oder -untergang genießen.

★ Halde Beckstraße mit Tetraeder,
Beckstraße, 46238 Bottrop,
www.emscherlandschaftspark.de,
ganzjährig geöffnet, Eintritt frei

## Autokino in Essen

Den/Die Liebste(n) ins Kino ausführen und trotzdem ungestört sein? Das Autokino macht's möglich! In den vergangenen Jahrzehnten ist das Drive-in-Kino beinahe in Vergessenheit geraten. Deutschlandweit gibt es nur noch rund ein Dutzend **Kuschelplätze für Autos.** Einen können filmverrückte Pärchen in Essen ansteuern.

Den Platz umweht trotz modernster Technik noch ein Hauch von Nostalgie. Immerhin feierte das hiesige Autokino im Stadtteil Bergeborbeck vor beinahe 50 Jahren Eröffnung – als eines der ersten während des großen Booms in Deutschland. Ganze Generationen haben hier schon im Zuschauerraum auf vier Rädern Händchen gehalten und gekuschelt. Denn das Drive-in verbindet Ausgehatmosphäre mit Privatsphäre: Die Zuschauer verfolgen den Film vom eigenen Auto aus. Kein Sitznachbar kann sich vom Quatschen, Rascheln oder auch Kuscheln gestört fühlen. Weiterer Vorteil: Kein groß gewachsener Filmfan in der Reihe davor kann die Sicht auf die Leinwand verdecken. Und der Knoblauchatem des Nachbarn bleibt auch unbemerkt.

Das Autokino in Essen bietet Platz für bis zu 1000 Fahrzeuge. Eine riesige Leinwand von 15 Metern Höhe und 36 Metern Breite garantiert gute Sicht für alle. Und der Ton wird per Dolby-Stereo direkt aufs Autoradio übertragen – vorbei die Zeiten, als noch kleine Lautsprecher ins Fenster gehängt werden mussten. Die gibt es nur noch für Nostalgiker: Eine Reihe ist noch mit den Geräten der vergangenen Jahrzehnte ausgestattet. Wer mag, kann sich das **Retrofeeling** ins Auto holen.

Für kältere Abende gibt es einen Heizlüfter oder Decken. Natürlich können Zuschauer aber auch im Kofferraum mitbringen, was man für einen perfekten **Kinoabend unterm Sternenzelt** braucht. Mit den richtigen Häppchen und einem Gläschen Wein oder Sekt (für den Fahrer natürlich alkoholfrei) wird das Auto auch gleich zum romantischen Picknickplatz.

Eine Snackbar versorgt die Gäste zwar nicht mit Liebeshappen, dafür aber mit kinotypischem Essen im US-Style. Neben frischem Popcorn stehen Burger und Pommes auf der Speisekarte.

Dann heißt es nach Einbruch der Dämmerung nur noch: Sitzlehne zurückstellen, Autoradio an, Beifahrer in den Arm nehmen und den Film genießen ...

**Romantik-Plus:** Wer sich vor oder nach dem Film noch stilvoll die Beine vertreten möchte, sollte einen Abstecher ins benachbarte Borbeck machen. Rund zehn Autominuten vom Drive-in-Kino entfernt bietet sich im historischen Schlosspark die perfekte Gelegenheit zum entspannten Lustwandeln. Der Park des Wasserschlosses gilt als eine der ältesten gestalteten Parkanlagen des Rheinlands. Der Park ist im „englisch-chinoisen" Stil gestaltet und durch kleinere Bauten aufgelockert. So findet sich hier sogar eine künstliche Ruine. Spazierwege, alter Baumbestand und große Rasenflächen prägen den von der letzten Essener Fürstäbtissin angelegten Prachtgarten. Im Schloss befinden sich heute ein Kulturzentrum, ein Trauzimmer und eine Gastronomie.

★DRIVE IN Autokino Essen, Sulterkamp 70,
45356 Essen, Filme und Beginn lt. Programm,
Tel. (0 81 51) 9 03 40,
www.essen-autokino.de, 8 € p. P.

★ Kulturzentrum Schloss Borbeck,
Schloßstraße 101, 45355 Essen, Tel. (02 01)
8 84 42 19, www.schloss-borbeck.essen.de,
Schlosspark frei zugänglich

# Chinesischer Garten an der Ruhr-Universität Bochum

Fernöstliche Ruhe tief im Westen: Der Chinesische Garten der Ruhr-Universität Bochum lockt Verliebte mit dem Zauber des Reichs der Mitte. Auf rund 1000 Quadratmetern haben die Bochumer unter Anleitung chinesischer Fachleute mit Qians Garten – Qian Yuan – eine **Oase der Ruhe und Leichtigkeit** geschaffen. Der Garten im süd-chinesischen Stil ist mit seinen Felsen, Wasserläufen, Pagoden und Pavillons einzigartig in Deutschland. Dieser spezielle Baustil ist eng an die Natur angelehnt: schlichte Materialien wie Naturstein, Holz und Ziegel und zurückhaltende Farben wie Weiß, Schwarz, Grau und Dunkelrot. Wer hier Hand in Hand entlangspaziert, im Ohr das Zwitschern der Vögel und das Plätschern des Wassers, kann schon mal die Welt um sich herum vergessen. Alles hier strahlt Ruhe aus. Der Garten ist ein Geschenk der Bochumer Partneruniversität Tongji in Shanghai. 1990, zum 25-jährigen Jubiläum der Ruhr-Universität, wurde er angelegt und seitdem mehrfach restauriert. Der Name „Qian Yuan" geht zurück auf den Literaten Tao Qian (365–427 n. Chr.) und seine poetische Geschichte vom „Pfirsichblütenquell": Der Überlieferung nach entdeckt ein Fischer eines Tages zufällig einen idyllischen Pfirsichhain, der ihm den Weg in ein friedvolles Land öffnet. Zwischen ruhigen Seen, Bambus- und Maulbeerhainen leben glückliche, gastfreundliche Menschen, die ihn aufnehmen. Sie bitten den Fischer, nie-mandem von dem abgeschie-denen Ort des

Glücks zu erzählen. Er verrät ihr Geheimnis dennoch und viele haben seitdem nach dem Pfirsichblütenquell gesucht. Doch den Weg in das kleine Paradies hat niemand je wiederfinden können. In Anlehnung und Erinnerung an diesen friedvollen Ort ist Qians Garten entstanden. Jeder Besucher soll hier sein eigenes kleines Paradies finden. Auch wenn das Ruhrgebiet nun einmal nicht das Land der Pfirsichblüten ist, überträgt sich diese **friedvolle Stimmung** auf die Besucher. Wandelgänge durchziehen den Garten und verbinden die einzelnen Stationen miteinander. Von der Eingangshalle geht es über diese verschlungen angelegten Pfade zur Haupthalle und weiter zu kleineren Gebäuden mit den typisch asiatisch geschwungenen Dächern und großen Fenstern, einem Brunnen und einem strohgedeckten Bootshaus. Alles gruppiert sich um den friedvollen Teich, der immer wieder die Blicke auf sich zieht. Die Hektik des Alltags bleibt vor den Mauern.

**Romantik-Plus:** Am Ende des Rundgangs wartet ein sechseckiger Pavillon auf die Besucher. Ist der Andrang nicht allzu groß, können Paare hier eine beinahe intime Ruhe genießen. Von hier aus schweift der Blick noch einmal über den gesamten Garten und den See. Hier können Paare die Atmosphäre des Chinesischen Gartens auf sich wirken lassen und Ruhe tanken. Nicht umsonst ist der Pavillon auch ein beliebter Ort für Hochzeitsfotos – vielleicht birgt er ja ein spezielles Liebesglück …

★ Chinesischer Garten „Qian Yuan"
im Botanischen Garten der Ruhr-Universität
Bochum, Universitätsstraße 150, 44780 Bochum,
Tel. (02 34) 32-29191 (Gesellschaft der
Freunde der Ruhr-Universität Bochum),
www.ruhr-uni-bochum.de/cgev/, Sommerzeit 9-18,
Winterzeit 9-16 Uhr, Eintritt frei

# Tippelsberg in Bochum

Nicht alles, was sich im Ruhrgebiet über Häuserniveau erhebt, ist eine Halde. Nein, der Tippelsberg im Bochumer Norden ist ein richtiger Berg! Keiner mit Almwiesen und Kletterfelsen, aber einer mit einer **eindrucksvollen Aussicht** und einer **großen Anziehungskraft.** Generationen von Ruhrgebietlern haben die rund 40 Meter hohe Erhebung im Stadtteil Riemke schon erklommen, auf der Kuppe Picknick gemacht, Drachen steigen lassen oder das Panorama genossen. Denn im Vergleich zu seinen künstlich aufgeschütteten Pendants ist der Tippelsberg ein Senior. Er ist so alt, dass über seine Entstehung verschiedene Sagen kursieren. Eine erzählt, dass der Riese Tippulus auf

einer langen Reise hier rastete, um seine Schuhe von Lehmklumpen zu befreien. Sie bilden heute den Tippelsberg. Eine zweite schreibt die Entstehung des Bergs einem Streit unter Riesen zu. Die beiden bewarfen sich mit Felsbrocken. Einige davon türmten sich zum Tippelsberg auf. Diese und andere Geschichten rund um den Berg sind bestens geeignet für eine kleine, private Märchenstunde auf dem Gipfel. Dazu ein nettes Picknick am Rand der Plattform – so wird das Date bestimmt ein Erfolg.

Der Vollständigkeit halber sei erwähnt, dass der Tippelsberg seine
heutige Höhe doch der Menschenhand verdankt. In den 1980er-Jahren
deponierten die Bochumer hier nämlich Bauschutt –
u. a. den Aushub für die U-Bahn. So wuchs der Berg über sich hinaus.
Der Bochumer Tippelsberg gehört seit 2011 zu den Panoramen der
Route der Industriekultur. Vom Gipfelplateau aus schweift der Blick
bis zur Halde Hoheward an der Stadtgrenze Herten/Recklinghausen,
zur Arena AufSchalke in Gelsenkirchen oder zur Halde Hoppenbruch
in Herten. Dazu hat der Berg eine „Sehhilfe": Rund um das 400 Quadratmeter große Plateau gruppieren sich Stahlstelen mit Gucklöchern.
Sie helfen, den Blick auf die Sehenswürdigkeiten in der Ferne zu fo-
kussieren. Bis zu 80 Kilometer weit können **Gipfelstürmer** bei klarem
Wetter von hier aus ins Ruhrgebiet schauen. Ein schöner Rastplatz mit
Ausblick ist auch das „liegende" Gipfelkreuz: über Kreuz verlaufende
Bänke auf dem höchsten Punkt der Erhebung. Daneben lohnt sich
ein ausgiebiger Spaziergang, denn das Naherholungsgebiet hat jede
Menge Natur zu bieten.

**Romantik-Plus:** Wenn im benachbarten Herne die Cranger Kirmes
ihrem Finale entgegenstrebt, ist der Tippelsberg um eine romantische Aussicht reicher. Von hier aus lässt sich das Feuerwerk wunderbar beobachten. Gleiches gilt natürlich für Silvester.

★ Tippelsberg, Tippelsberger Straße/
Hiltroper Straße, 44807 Bochum, Infos über
Bochumer Touristeninformation, Info-Hotline
Tel. (02 34) 96 30 20, www.bochum.de oder
www.tippelsberg.de, ganzjährig und durchgängig
geöffnet, Eintritt frei

# Tiger and Turtle in Duisburg

Wenn die Gefühle Achterbahn fahren, ist es Zeit für einen Ausflug in den Duisburger Süden. Im Stadtteil Angerhausen, an einem der südlichsten Punkte der Metropole Ruhr, steht die erste **begehbare Achterbahn** der Welt. Was von der Ferne beinahe tatsächlich wie ein spektakuläres Fahrgeschäft aussieht, ist in Wahrheit ein Kunstwerk. Die Künstler Ulrich Genth und Heike Mutter haben die 20 Meter hohe begehbare Skulptur als weitere Landmarke der Region geschaffen. Als eine der jüngsten entstand sie im Rahmen des Europäischen Kulturhauptstadtjahrs RUHR.2010.

Verschlungene Pfade, die man gemeinsam beschreitet, mit Höhen und Tiefen, unvorhergesehenen Wendungen und geradezu stürmischen Abschnitten – wenn das keine Symbolkraft für Paare hat! Aber ein Date auf dem **Magic Mountain** mit Besuch der „Tiger and Turtle"-Skulptur ist vor allem ein Ausflug zu einem der ungewöhnlichsten Aussichtspunkte der Region. Die Achterbahn mit ihren Kurven aus verzinktem Stahl sieht aus, als würde sie hier nicht hingehören.

Sie thront auf einer ehemaligen Abraumhalde mitten im heutigen Angerpark. Früher war hier mal eine Zinkhütte. Wo früher malocht wurde, erstrecken sich heute Wiesen und schön angelegte Rad- und Fußwege. Von hier sind es nur wenige Schritte bis zu Rhein-Ruhrgebietsromantik pur.

Um diese voll auskosten zu können, müssen sich Besucher aber auf den Weg über die **verschlungenen Pfade** nach oben machen. Erst den spiralförmigen Weg hinaus zur Heinrich-Hildebrand-Halde und von dort in die Achterbahn. 220 Meter lang ist die aufgeständerte Strecke insgesamt. Nur der Looping ist natürlich nicht begehbar.

Von hier bietet sich ein beeindruckender Ausblick: Zu sehen sind die geschichtsträchtige Brücke der Solidarität in Duisburg-Rheinhausen, die Duisburger Innenstadt und natürlich der Rhein mit den vorbeigleitenden Schleppern. Entlang des Stroms kommen die Hochöfen des Hüttenwerks Krupp Mannesmann in den Blick, ebenso die Hafenanlagen Duisburgs und die Halde Rheinpreußen mit der riesigen Grubenlampe des Künstlers Otto Piene im benachbarten Moers. Bei guter Sicht sind sogar der Flughafentower in Düsseldorf und der Gasometer in Oberhausen zu erkennen.

Besonders stimmungsvoll ist der Besuch natürlich am Abend: Wie die meisten Landmarken wird auch „Tiger and Turtle – Magic Mountain" illuminiert. 880 LED-Lampen setzen die Landmarke ins rechte Licht.

**Romantik-Plus:** Der Angerpark mit seinen Wiesen und dem Blick auf den Rhein bietet sich auch als stimmungsvoller Picknickplatz an.

★ Tiger and Turtle, Ehinger Straße 117, 47249 Duisburg, www.tigerandturtle.duisburg.de, tägl. geöffnet, Eintritt frei

# Parkleuchten im Grugapark in Essen

Auch der Grugapark in Essen bringt Licht ins Dunkel: Jährlich im Februar und März verscheucht das Parkleuchten die trüben Geister des Winters. Eine perfekte Gelegenheit, um sich beim gemeinsamen **Lichtwandeln** auf die kommenden **Frühlingsgefühle** zu freuen! Unzählige Lichter, Projektionen, Farbspiele, LEDs, Strahler und Lichtfasern illuminieren den Park und schaffen Lichtoasen zwischen Bäumen, Sträuchern und Wiesen. Jeder Winkel des Parks erzählt dabei seine eigene kleine Geschichte. Mal klingen Didgeridooklänge aus einem mystisch illuminierten Pavillon, mal wabern sphärische Klänge über einen farbig schillernden Waldteich. Überdimensionale Lichtblumen lassen den Frühling erahnen. Bäume und Sträucher werden zur Leinwand für Lichtspiele. Eine Lichtallee geleitet die Besucher durch eine glänzende Märchenwelt.

Für jedes Jahr wird ein neues Programm erarbeitet und ein neuer Schwerpunkt für die Kunstaktion gesetzt. Immer samstags lockt das Parkleuchten mit einem besonderen Highlight: Dann sorgen Künstler oder Artisten für atemlose Momente inmitten der Lichtinseln. Rund eine Stunde dauert der Rundgang durch die märchenhafte Atmosphäre des Parkleuchtens. Gemeinsam können sich Verliebte hier in eine ganz eigene, **magische Lichtwelt** träumen.

**Romantik-Plus:** Zur Krönung des romantischen Ausflugs können Verliebte ihrem/ihrer Liebsten den Grugapark zu Füßen legen. 29 Meter hoch erhebt sich das Wahrzeichen des Parks, der Grugaturm, über die Landschaft. Auf der Spitze thront die stilisierte Tulpe, das Erkennungszeichen des Grugaparks. Architekturfans werden ihre Freude an dem Bauwerk haben, denn der 1928 erbaute Turm ist ein schönes Beispiel für die Bauhausarchitektur: Paul Portten plante den Bau als kantige Form mit teils freier, teils verglaster Fassade. Oben bietet sich den Besuchern ein wunderbarer Panoramablick über den Grugapark und die Teile der Stadt. Auch in den Wintermonaten ist ein Aufstieg möglich, Besucher müssen sich allerdings vorher im Kurhaus anmelden.

★ Parkleuchten im Grugapark,
Norbertstraße 2 (Haupteingang), 45131 Essen,
Tel. (02 01) 8 88 31 06, www.grugapark.de,
Anfang Febr.–Mitte März So.–Do. 17–21, Fr./Sa.
17–22 Uhr, Erw. 5 bzw. samstags 6 €

★ Grugaturm, Virchowstraße 167 (Eingang Orangerie),
45147 Essen, Ende März–Mitte Sept. So. u.
Feiertage 11–17 Uhr, im Winter nach Vereinbarung,
Führungen unter Tel. (02 01) 85 61 00 (Kurhaus),
Erw. 4 € (Sommer) bzw. 2 € (Winter)

## Die Lippeauen per Kanu erleben in Lünen

Die sogenannte Mittlere Lippe zwischen Hamm und Haltern am See ist eine Strecke für sich. Denn in diesem Bereich mäandert der Fluss besonders stark, links und rechts des Flusses dehnen sich ökologisch wertvolle Landschaften. Per Kanu lässt sich die beschauliche und naturnahe Lippeaue sehr entspannt erkunden. Wer dann schon einmal gemeinsam in einem Boot sitzt, wird wohl auch einen Hafen finden ... Die Mittlere Lippe hat für einen **romantischen Bootsausflug** so einiges zu bieten. Weil die Tier- und Pflanzenwelt hier besonders schützenswert ist, ist das Kanufahren an dieser Stelle beschränkt. Wer eine der Touren mitmachen kann, erlebt hinter jeder Flussbiegung eine neue Welt. Die Lippeaue ist größtenteils renaturiert, das ökologische Gleichgewicht ist wiederhergestellt. Am Ufer wechseln sich ausgedehnte Aueflächen mit Schilfbewuchs, aber auch städtischer Bebauung ab. An anderen Stellen zeigen sich bewachsene Dünen, dann wieder Flächen mit dichtem Auenwald. In Lünen führt die Lippe ihre Ausflügler als Kontrastprogramm mitten durch die Stadt.

„Zwischen Fischreihern und Schwänen" führt zum Beispiel eine Tour von Bergkamen nach Lünen. Gemeinsam paddeln die Teilnehmer durch verschiedene Naturschutzgebiete bis zum Lippewehr nach Lünen-Beckinghausen, nahezu ungestört zwischen Wasservögeln und purer Natur. Die längste und ökologisch wohl wertvollste aller Lippetouren im Kreis Unna verbindet die Lippestädte Bergkamen und Lünen miteinander. Sie startet an der Ökologiestation Bergkamen und führt durch verschiedene Naturschutzgebiete bis zum Lippewehr nach Lünen-Beckinghausen. In diesem Streckenabschnitt ist die Lippe vom Land her kaum zu erreichen und bietet **Natur pur.** Die Fahrt geht durch die Lippeauen, vorbei an Reihern, Haubentauchern oder Teichrallen, entlang aufragender Steilwände mit Brutplätzen von Eisvögeln und Uferschwalben.

**Romantik-Plus:** Besonders romantisch ist die Tour „Da, wo man noch seinen eigenen Steg pflegt" zwischen Werne-Stockum und Bergkamen-Rünthe. Höhepunkt des idyllischen Ausflugs auf dem Wasser ist die Fahrt durch den alten Mühlenkanal zwischen dichten Bäumen unter herabhängenden Ästen – ein Erlebnis wie am Amazonas. Im Verlauf des Wasserweges erreichen die Ausflügler Stromschnellen. Keine Angst: Hier werden die Boote aus dem Wasser geholt. Mit Blick auf die rauschenden Stromschnellen kann man hier gemeinsam ein Picknick machen.

★ Lippetouristik GmbH/e.V. Naturerlebnistouren,
Münsterstraße 1d, 44534 Lünen,
Tel. (0 23 06) 78 10 07, www.lippetouristik.de,
Mo. geschl., Kanusaison Apr.–Okt.,
Programm lt. Internetseite

## Rheinorange in Duisburg

In Duisburg ist die Ruhr zu Ende. Oder, wenn man es liebevoll poetisch
ausdrücken möchte: Hier in Duisburg vereinigen sich die Flüsse, die
die Region prägen. Von hier an „gehen" sie ihren Weg gemeinsam
bis zur Nordsee. Von der Quelle im sauerländischen Winterberg bis
hierher hat die Ruhr mehr als 219 Kilometer zurückgelegt, 124 davon
durch die Region, der sie ihren Namen verdankt. Natürlich verlangt
eine solche „Heirat" nach einem **sichtbaren Liebesbeweis:** dem
Rheinorange. Genau an der Mündung, mitten im Duisburger Hafen-
gebiet, leuchtet die 25 Meter hohe Stahlbramme. Geschaffen hat den
Quader der Kölner Bildhauer Lutz Fritsch im Jahr 1991.
Ein Ausflug zum Rheinorange hat also durchaus Symbolcharakter –
immerhin kann man die Verbindung zwischen Rhein und Ruhr mit
Recht dauerhaft nennen. Vielleicht färbt das ja ab … Außerdem hat
die weithin sichtbare Landmarke auch als Ausflugsziel einiges zu
bieten. Denn die Skulptur markiert den Endpunkt des RuhrtalRad-
wegs. Die touristische Radroute verläuft von Winterberg im Sauerland

durch das mittlere Ruhrgebiet bis Duisburg. Die insgesamt 230 Kilometer lange, sehr gut erschlossene Strecke zählt zu den bekanntesten und beliebtesten Radwegen Deutschlands. Nicht nur für müde Radler, sondern auch für andere Ausflügler bietet sich die Landmarke als **Ort der Rast und des Innehaltens** an. Gemütlich auf einer der Bänke oder lässig am angrenzenden Kiesstrand des Rheins sitzend, können Besucher den Lebensrhythmus auf Zeitlupe stellen. Die plätschernden Wellen, das ruhige Vorbeiziehen des Flusses, die vorbeifahrenden Schiffe – der Blick vom Rheinorange lässt der Seele Zeit zu baumeln. Nicht umsonst gehört der Ort zu den „Panoramen und Landmarken" der Route der Industriekultur im Ruhrgebiet. Ein kleines Picknick zu zweit am Fuße der Skulptur macht den romantischen Ausflug perfekt.

**Romantik-Plus:** Rheinorange funktioniert auch in entgegengesetzter Blickrichtung als Push-up für die traute Zweisamkeit: Von der gegenüberliegenden Rheinseite, z. B. von Duisburg-Homberg aus, hat man einen wunderbaren Blick auf die leuchtend orangefarbene Skulptur, die umliegende Industriekulisse, die Flussmündung und die vorbeiziehenden Schiffe. Besonders stilvoll können Paare die Zweisamkeit und den Blick vom Weinlokal „Die Speicherei" genießen. Von der Terrasse aus haben sie freien Blick auf die gesamte Szenerie. Ausgesuchte Weine und eine gehobene Küche sorgen zusätzlich für eine besondere Wohlfühlatmosphäre.

★ Rheinorange, Am Bört,
47059 Duisburg-Neuenkamp,
www.route-industriekultur.de oder
www.duisburg.de

★ Die Speicherei, Königstraße 24,
47198 Duisburg-Homberg, Tel. (0 20 66) 41 66 01,
www.die-speicherei.de, Mi.–Sa. 18–22 (Küche),
So. u. Feiertage 12–22 Uhr (Küche)

# Gethmannscher Garten in Hattingen

Natur und Geschichte, ein wunderbarer Blick und die Idee eines Gartens für alle – das ist der Gethmannsche Garten in Hattingen. 1808 ließ der Unternehmer und Kommerzienrat Carl-Friedrich Gethmann einen der ersten öffentlichen Landschaftsgärten Deutschlands anlegen. Erholung und Freude für alle Bürger sollte er geben, und das gilt bis heute. Mehr als 200 Jahre nach seiner Gründung strahlt der Park noch immer Ruhe aus, auch wenn sein Charme jetzt eher **romantisch-morbide** ist. Das liegt vor allem auch daran, dass der Natur an vielen Stellen freier Lauf gelassen wurde. Vieles ist während der Jahrhunderte verschwunden, überwuchert worden oder verfallen. So sind nur noch zwei von ehemals drei massiven steinernen Tischen erhalten, an denen Besucher schon anno dazumal rasten und den Ausblick auf die Ruhr genießen konnten. Zudem wurde der Park als **englischer Landschaftsgarten** konzipiert. Exakt angelegte Beete und geometrische Linien findet man nicht, stattdessen geben natürliche Formen den Ton an. Weite Rasenflächen, schattige Spazierwege und alter Baumbestand machen den Spaziergang zu einer Tour, bei der

man die Seele baumeln lassen kann. Rund viereinhalb Hektar groß ist die Anlage auf einem Nordhang, die die Altstadt Blankensteins mit dem grünen Ruhrufer verbindet. Die Menschen sollten sich erholen und die schöne Aussicht auf die Ruhr und die Umgebung Hattingens genießen, das war der Wunsch Gethmanns. Dafür hatte er Aussichtspunkte aufschütten, Alleen pflanzen und sogar eine künstliche Grotte anlegen lassen. Bis heute erhalten geblieben ist der Ausblick mit dem **malerischen Ruhrtal** auf der einen und der trutzigen Burg Blankenstein auf der anderen Seite.

Dabei passt sich der **Dornröschengarten** perfekt in seine Umgebung ein: Er liegt mitten im pittoresken Ortskern des historischen Stadtteils Blankenstein, vis-à-vis zur gleichnamigen Burg. Schon der Spaziergang durch die Gassen mit den Fachwerkhäuschen verzaubert.

**Romantik-Plus:** Der wichtigste Aussichtspunkt des Gethmannschen Gartens ist noch beinahe in seiner Ursprungsform erhalten: Das Belvedere ragt in luftiger Höhe ein Stück über die Anhöhe des Gartens hinaus. Die kreisrunde Aussichtskanzel ist erste Wahl, wenn man dem/der Angebeteten das Ruhrtal zu Füßen legen möchte. Schon Carl-Friedrich Gethmann schwärmte für die Mischung aus romantischer Landschaft und herber Industriekulisse. Heute allerdings dominiert der romantische Teil das grüne Panorama. Von hier aus kann der Blick dem Verlauf der Ruhr bis zum Kemnader Stausee folgen. Außerdem ist die Plattform eine tolle Begründung, um den/die nicht ganz schwindelfreie(n) Partner(in) fest in die Arme zu nehmen.

★ Gethmannscher Garten,
Hauptstraße, 45527 Hattingen, www.hattingen.de,
durchgehend geöffnet, Eintritt frei

„Das ist die magische Kraft der Ruhr."

# DUO DIAGONAL
# DEANA KOZSEY &
# HOLGER EHRICH

**Comedy-Paar aus Bochum, www.duodiagonal.de**

## Wo ist das Ruhrgebiet am romantischsten und warum gerade dort?

Im Bochumer Süden gibt es eine Brücke. Auf der einen Seite blickst du über den Kemnader See, auf der anderen fließt die Ruhr aus dem See zum Rhein. In diese Richtung lassen wir Papierschiffchen mit Wünschen zu Wasser und stellen uns vor, wie sie in die Weltmeere hinaus fahren. Wahrscheinlich bleiben die Schiffchen spätestens in Hattingen hängen. Die Wünsche aber haben es immer in die Welt geschafft und viele sind wahr geworden. Das ist die magische Kraft der Ruhr.

## Was war Ihr romantischstes Erlebnis im Ruhrgebiet?

Unsere erste Begegnung vor vielen Jahren im Beton-Dschungel der Ruhr-Uni. Typisch Ruhrgebiet: An den unwahrscheinlichsten Orten wirst du mitten ins Herz getroffen.

## Das erste Date! Wie und wo beeindruckt man den Partner in spe?

Nachmittags am Strand des Baldeneysees: Beim Stand-Up-Paddling bekommen auch Anfänger/Innen den coolen Surfer-Look und im Kletterwald wird jeder Spargel zum Tarzan. Danach gemeinsam im Liegestuhl abhängen ... Karibik ist nichts dagegen.

Abends im Ehrenfeld und Bermudadreieck: Vom Eiscafé ins Kino, danach je nach Geschmack Bier oder Cocktails, später noch Tanzen gehen. Und falls du abserviert wirst tröstet dich der Barkeeper im Shop ohne Sperrstunde bis zum Morgengrauen.

## Das Ruhrgebiet ist romantisch, weil ...

... es echt ist.

## Zeiss Planetarium in Bochum

In Bochum legt man seiner/seinem Holden schon mal das ganze
Universum zu Füßen. Im Planetarium warten mehr als **9000 Sterne**
darauf, gezählt und bewundert zu werden. Zu sehen ist hier zwar
„nur" die Projektion des Sternenhimmels, aber das tut der Faszination
keinen Abbruch. Die Romantik aus dem Hightechprojektor hat
entscheidende Vorteile gegenüber dem Open-Air-Erlebnis: Der Himmel ist immer wolkenlos und gewährt einen unverstellten Blick auf
die **leuchtende Pracht.** Außerdem ist es nie zu kalt oder zu warm für
das romantische Beisammensein unterm Sternenzelt. Und störende
Mücken, Ameisen oder plötzliche Regengüsse machen den Dating-
partnern auch keinen Strich durch die Rechnung.
Der Kuppelbau am Rande der Bochumer Innenstadt beherbergt eine
der weltweit modernsten Projektionsanlagen. Und es ist das einzige
sogenannte Full-Dome-Planetarium in der Region, das heißt, das
einzige, in dem die komplette Innenkuppel mit Videoprojektionen
bespielt wird. 40 Meter misst die Halbkugel im Durchmesser. Allein
diese Größe macht die Illusion fast perfekt.

Die Shows in der Kuppel sind ein Erlebnis der besonderen Art. In den dick gepolsterten Sesseln gehen die Gäste auf die **Reise durch das Sonnensystem,** erleben die Geburt der Welt oder lassen sich die gerade sichtbaren Sternenbilder über dem Ruhrgebiet erklären. Jeden Tag finden mehrere Shows zu unterschiedlichen Themen – von Astronomie über Kultur bis Unterhaltung – statt.

Wer seinem/seiner Liebsten die Sterne vom Himmel holen möchte, entführt ihn/sie einfach für ein paar Stunden unters virtuelle Sternenzelt. Das Romantikpotenzial des Zeiss Planetariums hat sich wohl mittlerweile herumgesprochen. Unter den jährlich rund 250.000 Besuchern sind immer mehr verliebte Pärchen. So haben es zumindest die Mitarbeiter beobachtet. Viele „Noch-nicht-ganz-Paare" haben hier ihr erstes Date. Manchmal ist die Kuppel nicht nur der historische Ort, an dem eine Beziehung mit dem ersten Händchenhalten beginnt. Denn später ist auch eine standesamtliche Trauung im Planetarium möglich. Jeden Freitag um 13 Uhr können Paare hier den Bund fürs Leben schließen. Klar, für wen die Sterne dann funkeln!

**Romantik-Plus:** Besonderes Gänsehautfeeling stellt sich bei den Live-Konzerten im Planetarium ein. Im Dämmerlicht, nur beleuchtet vom Sternenlicht, entführen Saxophonisten, Keyboarder, Harfenisten und andere Musiker in ferne Welten. Meist ist es eher sphärische Musik, elektrolastig und „spacig". Manchmal wird es aber auch rockig oder klassisch. Das Konzertprogramm füllt vor allem die Wintermonate. Musik im Ohr und Himmel im Blick – so wird das Date garantiert ein Erfolg.

★ Zeiss Planetarium Bochum,
Castroper Straße 67, 44791 Bochum,
Tel. (02 34) 51 60 60, www.planetarium-bochum.de,
tägl. lt. Programm geöffnet, Mo. geschl.,
Erw. 8 €, Eintritt bei Shows lt. Programm

# Ausflug mit der RuhrtalBahn ab Bochum/Hagen

Ruhrtal statt Ruhrschnellweg, Dampflok statt Vierzylinder, gemächliches Reisen statt Kilometerfressen – **Entschleunigung** ist Trumpf beim gemeinsamen Erkunden des Ruhrgebiets. Besonders schöne An- und Ausblicke verspricht ein Ausflug mit der nostalgischen RuhrtalBahn. Während die historische Dampflok mit rund 50 Kilometern pro Stunde durch das schöne Ruhrtal schnauft, bietet sich in den liebevoll restaurierten Waggons viel Zeit und Muße

für Gespräche und gemeinsame Entdeckungen am Wegesrand. Gefahren wird auf einer der 20 romantischsten Bahnstrecken der Welt durch das geschichtsträchtige und grüne Ruhrtal. Zuschauer einer populären Fernsehsendung haben die 36 Kilometer lange **Ruhrtaltour** zwischen Bochum und Hagen in die Top 20 der romantischsten Eisenbahnstrecken gewählt. Zu Recht: Die Schienen ziehen sich in weiten Teilen durch üppiges Grün, vorbei an historischen Gemäuern wie dem Wasserschloss Kemnade bei Bochum oder der Burg Blankenstein in Hattingen, führen durchs Muttental zur Wiege des Ruhrbergbaus und zu Fachwerkidyllen wie der Hattinger Altstadt oder dem Ortsteil Blankenstein. Hier ist der Weg noch das Ziel.

Zwischen April und Oktober wird die Dampflok aus den 1920er-Jahren an jedem ersten Sonntag des Monats angefeuert. Ihr Heimatbahnhof ist das Eisenbahnmuseum in Bochum-Dahlhausen. Am museumseigenen Bahnsteig warten die historischen Waggons der ersten, zweiten und dritten Klasse auf ihre Fahrgäste. Hier gibt es sie noch, die sprichwörtliche „Holzklasse": Einfache Bänke und weitmaschige Gepäcknetze erinnern an frühere Zeiten. Wenn dann noch die Dampfschwaden der Maschine über den Bahnsteig ziehen, die Lok ihr charakteristisches Pfeifen von sich gibt und der uniformierte Schaffner die Fahrtkarten entwertet, ist die Illusion der **Zeitreise** fast perfekt. Die Lokomotive – eine sogenannte preußische P 8 – stammt aus den Museumsbeständen. Im Lokführerstand wird noch viel **Handarbeit** geleistet. Schließlich will die Dampfmaschine regelmäßig mit Kohlen gefüttert werden.

Neben der P 8 kommt der nostalgische Schienenbus der RuhrtalBahn zum Einsatz. Der Zug aus den 1960er-Jahren sieht tatsächlich eher aus wie ein Omnibus. Weil die Scheiben viel größer sind als in einem richtigen Zug, ist der Schienenbus erste Wahl für alle, die möglichst viel von der schönen Umgebung sehen möchten. Immer freitags und sonntags tuckert er zwei- bis dreimal täglich von Bochum-Dahlhausen nach Hagen Hbf und zurück. An den Dampfzugsonntagen weicht er auf die Strecke „Teckel" zwischen Hagen und Ennepetal aus. Auch Sonderfahrten sind möglich – z. B. für die Hochzeitsgesellschaft. Mehrere eisenbahnverliebte Paare haben in der historischen Bahn schon den Weg ins Eheleben angetreten.

**Romantik-Plus:** Besonders stimmungsvoll sind die Mondscheinfahrten mit der RuhrtalBahn. Allerdings ist die Sonderfahrt nur sporadisch im Programm. Ganz ohne Licht tuckert in den Abendstunden die Bahn entlang der Ruhr. Entspannte Loungemusik sorgt für die richtige Atmosphäre in den Waggons. Wer die gesamte Strecke bucht, erreicht erst nach Mitternacht den Heimatbahnhof in Bochum-Dahlhausen. Mit dem passenden Partner ist diese Fahrt ein Erlebnis der besonders romantischen Art.

★RuhrtalBahn, Büro Mülheim:
Honigsberger Straße 26, 45472 Mülheim/Ruhr,
Tel. (02 08) 3 09 98 30 10, Mo.-Fr. 10-16 Uhr,
www.ruhrtalbahn.de

★ Dampflok: Apr.-Okt. jeweils am 1. So. im Monat,
Schienenbus Apr.-Okt. Fr., So. u. Feiertage,
Tickets für Gesamtstrecke ab 12 bzw. 9 €

# Grüne Flotte Ruhr in Mülheim

Romantik ist kein schnelles Geschäft, Romantik heißt auch, das Tempo zu drosseln. Und was sollte dafür besser geeignet sein als eine Bootstour mit der „Schnecke"? Die Escargot (zu Deutsch: Schnecke), die EscargotPlus und die EscargotVitesse sind keine PS-Protze. Sie sind vielmehr Botschafter der langsamen, **genussvollen Fortbewegung** auf der Ruhr. Denn sie gehören zur Gattung der Trethausboote. Zu zweit wird gestrampelt, damit sich das Boot fortbewegt.

Wer traute Zweisamkeit im Kurzurlaub erleben möchte, ist an Bord richtig. Außen Schiff, innen Wohnmobil bieten die Schnecken alles, was man für eine ruhige Nacht braucht. Wie im Camper kann die Sitzecke zur Schlafgelegenheit umgebaut werden, im Bug wartet ein zwei mal zwei Meter großes Bett auf müde Reisende. Eine Mini-Küche sichert das Frühstück nach einer entspannten Nacht auf dem Wasser. Platz ist eben auch in der kleinsten Kajüte – denn die drei Hausboote sind nur knapp sechs Meter lang und zwei Meter breit.

So lässt sich die rund 30 Kilometer lange Strecke zwischen Mülheim-Hafen und Essen-Steele auf der Ruhr per Muskelkraft und trotzdem

ganz entspannt zurücklegen. Dieser Abschnitt der Ruhr ist besonders schön zu fahren, hier zeigt sich das Ruhrgebiet von seiner grünen Seite. Die mäßige Strömung lässt die Wasserstraße beinahe **gemütlich** erscheinen. Die Gegend zählt bereits zum Ruhrtal, das für seine grüne Idylle bekannt ist.

**Romantik-Plus:** Wer es gemütlich angehen will, veranschlagt für die Strecke Mülheim–Essen–Mülheim ein ganzes Wochenende. Dann sollte man unbedingt auch eine Rundfahrt auf dem Baldeneysee einplanen. Die Weiße Flotte legt regelmäßig an verschiedenen Haltepunkten am Stausee ab. Besonders idyllisch ist die insgesamt zweistündige Rundfahrt natürlich in den Dämmerstunden, wenn die ersten Lichter am grünen Ufer leuchten.

★ Grüne Flotte, Franke & Tiefenbach GbR, Hafenstraße 15, 45478 Mülheim an der Ruhr, Tel. (02 08) 74 04 98 75, www.gruene-flotte.de, Apr.–Okt. tägl. 9–19 Uhr, Mitte Okt.–Mitte Apr. geschl., Tagestour ab 175 €, Zweitagestour mit 1 Übernachtung ab 240 €, Kaution 250 €

★ Weisse Flotte Baldeney GmbH, Hardenbergufer 379, 45239 Essen, Tel. (02 01) 1 85 79 90, www.baldeneysee.com, Büro: Mo.–Fr. 8–15.30, Sa. 9–14 Uhr, Rundfahrt 12 € p. P.

# TIPPS VON „GESICHTERLESER" UND COACH DIRK W. EILERT:

 **So erkennen Sie, ob Sie Eindruck hinterlassen haben**

Ist der Funke auf der Party übergesprungen oder hat sie/er Ihnen nur aus Höflichkeit die Handynummer gegeben? Wie können Sie bei Ihrem Date zuverlässig erkennen, ob sie/er wirklich auf Sie steht? Ein Blick in die Biochemie des Flirtens enthüllt die Antworten auf diese Fragen.

 **Die Biochemie des Flirtens**

Der erste Blickkontakt mit dem „Objekt unserer Begierde" zündet ein Feuerwerk der Stresshormone Adrenalin und Noradrenalin sowie der Glückshormone Dopamin und Phenylethylamin in unserem Körper. Die Stresshormone flüstern uns ins Ohr: „Oh Gott, ich bekomme bestimmt einen Korb, wenn ich ihn anspreche", und lassen uns zögern. Das Herz klopft, die Hände werden feucht, die Knie weich. Zum Glück gibt es aber noch die Glückshormone. Sie rufen uns zu: „Geh hin, sprich sie an." Dopamin und Phenylethylamin sorgen dafür, dass wir dem durch die Stresshormone ausgelösten Fluchtimpuls nicht folgen, sondern uns der begehrenswerten Person nähern wollen. Dieser Mix an Glücks- und Stresshormonen im Blut sorgt für das bekannte Hin-und-her-Gerissensein: „Spreche ich sie/ihn an oder doch lieber nicht? Was ist, wenn ich einen Korb bekomme?" Und er sorgt für eindeutige Signale in der Mimik und Körpersprache Ihres Gegenübers, die Ihnen zuverlässig verraten: Hier geht was!

## Der Flirtquotient: 93 Prozent Trefferquote

Mithilfe des Flirtquotienten habe ich bei einem Speeddating-experiment, welches durch den Fernsehsender rbb begleitet wurde, vorhergesagt, ob es zu einem Ja oder einem Nein kommt – und das mit einer Trefferquote von 93 (!) Prozent. Mit ein bisschen Übung gelingt Ihnen das auch. Sie müssen nur wissen, woran Sie die Glücks- und Stresshormone in der Körpersprache erkennen.

Die Glückshormone verraten sich durch einen Gesichtsaus-druck von Freude. Das ist ein Lächeln, bei dem die Augen mitlachen. Nicht zu verwechseln mit einem lediglich freund-lichen Lächeln, bei dem sich nur die Mundwinkel heben. Ach-ten Sie also nicht auf den Mund, sondern darauf, ob die Augen beim Lächeln kleiner werden und strahlen. Verantwortlich für das Lachen der Augen ist der äußere Augenringmuskel. Ein Muskel, den nur wenige Menschen bewusst anspannen kön-nen und an dem sich deshalb Freude zuverlässig ablesen lässt.

Um Stress bei Ihrem Gegenüber zu erkennen, achten Sie auf sogenannte Beruhigungsgesten. Das sind Gesten, bei denen Berührung die zentrale Rolle spielt. Denn Berührung beruhigt. Wenn wir gestresst sind, berühren wir uns oder Gegenstände deshalb mehr, als wir dies für gewöhnlich tun: mit den Haaren spielen, am Hals kratzen, die Lippen lecken, mit einem Stift spielen, der Griff zum Glas – all dies sind Beispiele für solche Stresssignale. Achten Sie außerdem darauf, ob Ihr Gegenüber schnell hintereinander blinzelt, denn auch das kann ein Signal für erhöhten Stress sein!

## Fazit:

Je mehr Freude Sie in Kombination mit Stresssignalen (im ungefähren Verhältnis von 1:1) bei Ihrem Gegenüber sehen, desto besser sind Ihre Chancen. Vorausgesetzt der Blick Ihres Flirtpartners ist dabei nicht auf die Person am Nebentisch gerichtet.

Ja, ich will:

# EINEN ANTRAG MACHEN

# JA, ICH WILL: EINEN ANTRAG MACHEN

Früher war's einfach! Da gab es einen Zettel zum Ankreuzen: „Willst du mit mir gehen?" Und die Wahl zwischen Ja, Nein oder Vielleicht. Wenn man erwachsen ist, gestalten sich solche Fragen sehr viel schwieriger. Schließlich soll die alles entscheidende Frage nicht profan und lieblos daherkommen. Nein, man möchte dem Traumpartner den Atem rauben, ihr/ihm ein Funkeln in die Augen zaubern und sie/ihn so beeindrucken, dass das Wort „Nein" aus ihrem/seinem Wortschatz getilgt wird. Denn das ist schließlich das Letzte, was der Fragesteller hören möchte.

Da ist also Fantasie gefragt. Selbst im eher pragmatisch geprägten Ruhrgebiet ist es mit einem „Und? Willsse?" leider nicht getan. Wer den Bund fürs Leben schließen will, muss sich schon etwas einfallen lassen. Nicht jede(r) möchte den Antrag indes am nächsten Tag als Schlagzeile in der örtlichen Presse finden. Und falls doch: In den vorherigen Kapiteln finden sich ja so einige gute Ideen, etwa auf der Waldbühne in Hamm-Heessen oder vor großem Publikum im Open-Air-Kino des Landschaftsparks Duisburg-Nord.

Für alle, die die große Öffentlichkeit bei der Frage aller Fragen scheuen, hier ein paar Tipps für das passende Ambiente für das große „Willst Du?".

# PERFEKTE ORTE UND AKTIONEN FÜR DIE ENTSCHEIDENDE FRAGE

Von Ruhrgebietskoch Heinrich Wächter: ein romantisches Menü für zwei, das man auch als Ungeübter zubereiten kann und für das man am Abend nicht zu lange in der Küche stehen muss.

### Getränk zur Einstimmung

## Champagner mit Granatapfel

* 1 Granatapfel
* 1 Flasche Champagner

**Zubereitung:**

Granatapfel wie eine Orange quer halbieren. Eine Hälfte auf der Zitruspresse entsaften. Aus der anderen Hälfte Kerne herauslösen, von den weißen Häuten trennen. Jeweils 2 EL Granatapfelsaft und 1 TL Granatapfelkerne in Gläser füllen und mit dem eisgekühlten Champagner aufgießen. Schmeckt nach mehr ...

## Vorspeise
## Süßkartoffelsuppe mit Milchschaum

*zwei Personen:*

* 1 Platte TK-Blätterteig
* grobes Meersalz
* 300 g Süßkartoffeln
* 2 Schalotten
* 30 g Butter
* 500 ml Gemüsefond
* 100 ml Sahne
* 1 Thymianzweig
* Pfeffer aus der Mühle
* 50 ml trockener Wermut, z. B. Noilly Prat
* 120 ml Milch (am besten H-Milch)

**Zubereitung:**

Blätterteig auf einer leicht bemehlten Arbeitsplatte auftauen lassen. Anschließend leicht ausrollen und Herzen ausstechen. Auf ein mit Backpapier belegtes Backblech geben, mit etwas Sahne bestreichen und mit Meersalz bestreuen. Zehn Minuten im Backofen bei 180 °C Umluft backen. Auf einem Gitter abkühlen lassen.

Süßkartoffeln und Schalotten schälen, dann würfeln. Schalotten in Butter glasig dünsten. Kartoffeln dazugeben, kurz mitdünsten. Mit Fond und Sahne ablöschen. Thymianzweig dazugeben, würzen, zugedeckt 15 Minuten köcheln lassen. Thymianzweig herausnehmen, Suppe mit Wermut pürieren und kräftig abschmecken. Milch erhitzen, mit dem Milchaufschäumer oder Schneebesen kräftig aufschlagen. Die Süßkartoffelsuppe mit Milchschaumhaube in Gläsern anrichten. Dazu die Herzen servieren.

## Hauptspeise
# Steak mit warmem Urtomatensalat und Bohnenpüree

*zwei Personen:*

- ★ 2 EL Olivenöl
- ★ 1 Knoblauchzehe
- ★ 350 g abgetropfte weiße Bohnen (Dose)
- ★ 1 Thymianzweig
- ★ 100 ml Gemüsebrühe

- ★ 300 g Urtomatenauswahl
- ★ 1 Knoblauchzehe
- ★ 1 EL Zucker
- ★ 3 EL Balsamicoessig
- ★ Salz, Pfeffer
- ★ 80 g Baby-Leaf-Mixsalat
- ★ 3 EL Olivenöl

- ★ 2 Hüftsteaks (jeweils ca. 180 g, 2 cm dick)
- ★ 2 EL Öl

### Zubereitung:

Olivenöl in einem Topf erhitzen. Geschälte Knoblauchzehe dazugeben und kurz anrösten. Die Bohnen sowie den Thymianzweig dazugeben, mit der Gemüsebrühe auffüllen. Aufkochen und abgedeckt fünf Minuten köcheln lassen. Thymianzweig entfernen und mit dem Mixstab pürieren. Abschmecken mit etwas weißem Balsamicoessig.

Die Tomaten der Größe entsprechend halbieren oder vierteln und in Olivenöl in der Pfanne mit Knoblauch ca. zwei Minuten braten. Etwas Zucker über die Tomaten streuen und hellbraun karamellisieren lassen. Mit Balsamicoessig ablöschen und bei mittlerer Hitze weitere zwei Minuten garen. Mit Salz und Pfeffer abschmecken und etwas abkühlen lassen. Den Mixsalat und das Olivenöl dazugeben und mischen.

Hüftsteaks in der heißen Pfanne mit Öl beidseitig anbraten. Dann im Backofen bei 160 °C (Fleischthermometer auf 54 °C einstellen) fertig garen. Herausnehmen, etwas ruhen lassen und anrichten. Das Fleisch nun würzen mit Meersalz und Pfeffer aus der Mühle. Steaks mit Salat und Bohnenpüree auf zwei Tellern anrichten.

## Nachspeise
### Schoko mit salziger Karamellsauce
*für sechs Portionen:*

### Flammeri:
- ★ 250 ml Milch
- ★ 2 TL lösliches Espressopulver
- ★ 2 TL Kakao
- ★ 20 g Speisestärke
- ★ 30 g brauner Zucker
- ★ 50 g Kuvertüre (70 % Kakao)
- ★ 150 ml Schlagsahne

### Karamellsauce:
- ★ 50 g brauner Zucker
- ★ 120 ml Schlagsahne
- ★ 120 ml Milch
- ★ grobes Meersalz
- ★ 1/2 TL Speisestärke

### Zubereitung:
50 ml Milch, Espressopulver, Kakao, Stärke und Zucker mit einem kleinen Schneebesen glatt rühren. Restliche Milch und die fein

gehackte Kuvertüre unter Rühren aufkochen. Stärkemischung unter ständigem Rühren zugeben und erneut aufkochen lassen. Flammerimasse in eine Schüssel füllen und etwas abkühlen lassen. Sahne steif schlagen, 1/3 der Sahne unter den lauwarmen Flammeri rühren, restliche Sahne vorsichtig unterheben. Flammerimasse in sechs Förmchen (à ca. 200 ml Inhalt) füllen und abgedeckt mindestens vier Stunden (am besten über Nacht) kalt stellen.

Für die Sauce Zucker in einem Topf erhitzen, bis er goldbraun karamellisiert, dabei erst rühren, wenn der Zucker zu schmelzen beginnt. Mit Sahne und Milch ablöschen, 1/4 TL Meersalz zugeben, aufkochen und offen bei mittlerer Hitze drei Minuten kochen lassen. Stärke mit etwas kaltem Wasser glatt rühren, unter Rühren zur Karamellmilch geben und aufkochen. Sauce in eine Schüssel füllen und abkühlen lassen. Etwas Karamellsauce auf dem Flammeri verteilen, restliche Sauce dazu servieren.

## Fahrt im Heißluftballon

Gemeinsam in den **siebten Himmel** fliegen – pardon: fahren –, das ist
ein wirklich romantisches Motiv. Was liegt da näher, als auf dem Weg
dorthin um die Hand der Traumfrau/des Traummanns anzuhalten?
Eine Fahrt im Heißluftballon bietet da die geeignete Kulisse.
Zahlreiche Anbieter im Ruhrgebiet nehmen Passagiere mit auf die
Reise gen Himmel und über die Dächer der Region, darunter z. B. Hot
Air Balloon in Mülheim. Die Angebote und der Ablauf sind überall
ähnlich: Gestartet wird entweder gegen Abend oder am frühen
Morgen und ausschließlich bei gutem Wetter. Hot Air Balloon hat
beispielsweise Startplätze in Kamp-Lintfort, Mülheim, Oberhausen,
Essen, Gladbeck, Bottrop, Marl und am Kemnader Stausee.
Meist können zwischen sechs und acht Passagiere die Welt von oben
erleben. Der große Ballonkorb garantiert eine **atemberaubende
Rundumsicht.** Besonders faszinierend ist die Stille: Der Lärm des
Ruhrgebiets dringt nur gedämpft bis zu den Ballonfahrern vor, der
Ballon selbst macht nur Geräusche, wenn der Brenner angeworfen
wird. Überwiegend gleitet das Luftgefährt beinahe lautlos und
gemächlich dahin. Zeit verliert dabei einfach an Bedeutung. Durch-

schnittlich 60 bis 90 Minuten schweben die Ballonfahrer buchstäblich über den Dingen – hinweg über Flüsse, Wälder, Halden, Autobahnen und wuselige Städte. Genug Zeit also, um sich ein **Herz** zu fassen! Hier ist noch der Weg das Ziel. Denn welche Route der Ballon nimmt und wo gelandet wird, entscheidet der Wind. Sicher ist nur: Am Ende des Trips wartet noch die Ballontaufe auf alle Mitfahrer. Mit Sekt oder Champagner und einer Urkunde wird gefeiert.

**Romantik-Plus:** Wer die Ballonfahrt in Essen startet, kann dieses Erlebnis auch noch mit einer Einkehr in der „Heimlichen Liebe" (siehe Seite 11) oder im „Unperfekthaus" (siehe Seite 16) verbinden.

★ Hot Air Balloon, Flughafen Essen/Mülheim,
Brunshofstraße 3, 45470 Mülheim/Ruhr,
Tel. (02 08) 37 01 91, www.hot-air-balloon.de,
Büro: Mo.–Fr. 10–14, Mi. 10–18 Uhr,
Ballonfahrt 199 € p. P.

© berggeist 007/pixelio.de

## Ausflug zu den bekanntesten Störchen Nordrhein-Westfalens in Dorsten

„Schatz, wollen wir es nicht machen wie Werner und Luise und ein gemeinsames Nest bauen?" – so oder ähnlich könnte ein Ausflug in den Hervester Bruch in Dorsten enden. Wenn alles nach Plan läuft, versteht sich. Mit etwas Glück schnäbelt das wohl bekannteste Storchenpaar NRWs gerade im Hintergrund. Dann ist das Ambiente perfekt.

Der Hervester Bruch im Nordosten der Stadt Dorsten ist nämlich eine der ersten Adressen für Meister Adebar und seine Frau. Im Naturschutzgebiet wurde sogar eine **Storchenroute** eingerichtet, die die besten Blicke auf die majestätischen Vögel und im besten Fall auch auf ihr Familienleben bietet.

Vor allem zwischen März und August sind die Sommergäste hier gut zu beobachten. Werner und Luise sind wohl die bekanntesten Vertreter in Dorsten. Bereits seit Jahren kehren sie immer wieder ins Ruhrgebiet zurück, um hier zu brüten. Und ein besseres Omen für die gemeinsame Zukunft kann es wohl kaum geben. Gilt der Storch doch als

**Glücksbringer** und Fruchtbarkeitssymbol. Und für den menschlichen Nachwuchs ist er ja angeblich auch noch zuständig.

Die Storchenerlebnisroute führt mitten durch das Naturschutzgebiet. Infotafeln am Wegesrand des rund fünf Kilometer langen Rundkurses erklären Einzelheiten zur Landschaftsgeschichte und den Bewohnern des Hervester Bruchs. Insgesamt drei Aussichtskanzeln garantieren den besten Blick auf die Natur. Per Handy lassen sich hier auch die dazugehörigen Tierstimmen abrufen – sollte „live" mal weniger zu hören sein.

Bei Naturliebhabern wird das Herz in dem weitläufigen Biotop nicht nur wegen der Störche höher schlagen. Insgesamt rasten und brüten bis zu 40 Vogelarten. Außerdem wurden hier Heckrinder angesiedelt. Die dem Auerochsen ähnlichen Tiere weiden das ganze Jahr hindurch.

♥ in Zahlen

Laut einer Umfrage des Partnervermittlers Parship schätzt die Mehrzahl der Frauen (55 Prozent) die kleinen romantischen Gesten des Alltags wie eine Liebesbotschaft am Spiegel oder ein liebevoll zubereitetes Frühstück. 30 Prozent finden Überraschungen romantisch – ob der spontane Ausflug in die Oper oder zur Frittenbude geht, ist dabei egal. Jeweils 15 Prozent lassen sich von sinnlichen Einfällen wie einem frisch eingelassenen Schaumbad oder Kerzenschein sowie von einem stilvollen Essen überzeugen.

(Quelle: Parship ♥ )

★ Storchenroute im Hervester Bruch, Naturschutzgebiet „Bachsystem des Wienbaches", 46286 Dorsten (Parkplatz an der Straße Gälkenheide), http://stoercheindorsten.blogspot.de, ganzjährig geöffnet; Kontakt über Biologische Station Recklinghausen, Tel. (0 23 69) 7 75 05, www.biostation-re.de

# Hochzeitsmeile in Duisburg-Marxloh

Wer ganz viele erwartungsfrohe und verliebte Paare treffen will, der muss ins tiefste Ruhrgebiet fahren. Vielleicht färbt ja von der Stimmung gleich etwas ab ... Duisburg-Marxloh ist der Mittelpunkt der Hochzeitsindustrie des Landes. Braut- oder Hochzeitsmeile wird die Hauptstraße des alten Arbeiterviertels auch genannt. Denn hier gibt es das **Rundum-Sorglos-Paket** für Bindungswillige: Rund 80 Dienstleister für den schönsten Tag im Leben tummeln sich entlang der Weseler Straße: Friseure und Kosmetiksalons für den Star-Look, Juweliere für den passenden Ring, Floristen für die Blumendekoration, Reisebüros für die Planung der Flitterwochen, Fotostudios für die Dokumentation der großen Feier. Und natürlich das Wichtigste: Brautmodenläden für das atemberaubende Outfit. Allein knapp 50 Studios mit pompösen Kleidern und schicken Anzügen finden sich auf der etwa zwei Kilometer langen Hochzeitsmeile. Es funkelt an allen Ecken, überall in den Schaufenstern bauschen sich Rüschen und ausladende Reifröcke – ein **Eldorado für Prinzessinnen** in spe! Das liegt vor allem auch daran, dass hier türkische Maßstäbe für den

schönsten Tag im Leben angelegt werden. Und die sind vor allem eins: pompös. Gefeiert wird mit Hunderten von Gästen, für die Party wird viel Geld ausgegeben. Entsprechend ist das Design der Kleider und des Schmucks.

In Marxloh gebe es die **„romantischste Straße Deutschlands"**, so haben die Zeitungen schon geschrieben. Und das, obwohl der Stadtteil mit dem hohen Migrantenanteil ansonsten eher negative Schlagzeilen macht. Die Weseler Straße ist dagegen Anziehungspunkt. Weil die Hochzeitsmeile so einmalig ist, nehmen Brautleute schon mal mehrere Hundert Kilometer Anfahrt in Kauf.

Für die zukünftige Braut könnte ein Besuch auf der Weseler Straße also ein Wink mit dem Zaunpfahl sein: „Schatz, ich habe da ein schönes Kleid gesehen …" Auch ein gemeinsamer Besuch beim Juwelier könnte als passender Anlass für die Frage aller Fragen dienen.

**Romantik-Plus:** Ist der oder die Auserwählte kulturgeschichtlich interessiert, könnte der Antrag auch der überraschende Höhepunkt eines Ausflugs nach Duisburg sein. Einmal im Monat bricht nämlich die Kulturlinie 901 zu einer geführten Tour durch die Stadt auf. Auf Straßenbahnschienen und zu Fuß geht es vom Rathaus über Duisburg-Ruhrort bis nach Marxloh. Dort gibt es eine Führung über die Hochzeitsmeile und zur Moschee. Vielleicht wäre die Pause im türkischen Teehaus ja eine gute Gelegenheit für einen romantischen Antrag?

★ Hochzeitsmeile Duisburg-Marxloh, Weseler Straße, 47169 Duisburg, www.duisburg.de

★ Führungen mit der Kulturlinie 901, www.duisburgnonstop.de, Apr.–Okt., jeden 2. Freitag im Monat, 23 € p. P. (inkl. Imbiss und Ticket)

## Orchideenwiese in Bergkamen

Bei der Hochzeit schreitet das Paar traditionell über einen Teppich ge-
streuter Blütenblätter. Das soll – übrigens nach heidnischem Brauch
– die Fruchtbarkeitsgöttin anlocken. Überhaupt spielen Blumen für
romantische Stimmungen eine große Rolle: **Rote Rosen** werden als
Zeichen der Liebe verschenkt, schöne Bouquets beim romantischen
Essen auf dem Tisch arrangiert. Wie romantisch ist es dann erst,
der Dame oder dem Herrn des Herzens eine ganze Blumenwiese
zu Füßen zu legen? In Bergkamen geht das – bildlich gesprochen.
Jedes Jahr im Frühjahr explodiert eine Wiese im Naturschutzgebiet
in den Lippeauen im Farbenrausch. Im Volksmund wird das Areal
am Rand eines rund zwölf Hektar großen Naturschutzgebietes nur
„die Orchideenwiese" genannt. Offiziell trägt das Schutzgebiet den
sperrigen Namen „Feuchtgebietskomplex zwischen Landwehrstraße
und Datteln-Hamm-Kanal". Für einige Wochen im Jahr verwandelt
sich die Feuchtwiese im Schatten des Kraftwerks in Bergkamen-Heil in
ein **Blumenmeer** mit seltenen Pflanzen. Vor allem das Gefleckte und

das Breitblättrige Knabenkraut sind hier zu finden. Beide gehören zu den gefährdeten heimischen Orchideenarten. Zwischen Mai und Juli öffnen sich die in unterschiedlichen Lila- und Rosatönen leuchtenden Blütenkelche.

Das **Blütenwunder** lässt sich bestens vom Spazierweg entlang des Naturschutzgebietes aus genießen. Dann entfaltet sich die gesamte lila- und rosafarbene Pracht vor dem Auge des Betrachters. Die Wiese selbst darf ohnehin nicht betreten werden, da sie als Biotop geschützt ist. Der NABU bietet jedes Jahr zur Blütezeit im Mai Führungen zur Orchideenwiese an.

Die ganz spezielle Ruhrgebietsromantik macht hier das Zusammenspiel von Natur und Industrie aus, denn im Hintergrund erhebt sich die Skyline des riesigen Steinkohlekraftwerks von Bergkamen.

**Romantik-Plus:** Wer noch ein wenig traute Zweisamkeit in lauschiger Natur verbringen möchte, kann den Ausflug um einen Spaziergang am Beversee verlängern. In einer knappen halben Stunde erreicht man den rund neun Hektar großen Bergsenkungssee, dabei geht es immer am Datteln-Hamm-Kanal entlang. Auf der Südseite gibt es einen schönen Aussichtspunkt, von dem aus man aufs Wasser schauen kann. Ein perfekter Ort, um den Sonnenuntergang zu genießen.

★ Orchideenwiese Bergkamen, Nördliche Lippestraße, 59192 Bergkamen, www.nabu-unna.de

★ Naturschutzgebiet Beversee, Werner Straße, 59192 Bergkamen; Infos über Umweltzentrum Westfalen, Westenhellweg 110, 59192 Bergkamen, Tel. (0 23 89) 9 80 90, www.uwz-westfalen.de

# Baumhoroskop in Castrop-Rauxel

Wer möchte nicht manchmal gern einen Blick in die Zukunft werfen?
Wird die Liebe Bestand haben? Passen wir überhaupt zusammen?
Vielleicht hilft da ja ein Horoskop? Wenn das Baumhoroskop auf der
Zeche Erin in Castrop-Rauxel seinen Segen gibt, kann ja eigentlich
nichts mehr schiefgehen. Im Schatten der alten Bäume findet sich bestimmt auch ein lauschiger Platz, an dem die **gemeinsame Zukunft**
mit einem gehauchten „Ja" in die richtigen Bahnen gelenkt wird.
Rund um den Hammerkopfturm der seit 1982 stillgelegten Zeche
hat die Stadt einen keltischen Baumkreis angelegt. Er soll an den
Zechengründer William Thomas Mulvany erinnern. Er gab der Zeche
1866 den Namen Erin, abgeleitet vom keltischen Wort für seine Heimat Irland. Ähnlich den Sternkreiszeichen verknüpft der Baumkreis
Geburtsdaten und Charaktereigenschaften. Vier
Hauptbäume symbolisieren die Jahreszei-
tenwechsel: Eiche, Buche, Olivenbaum
und Birke. Alle vier ergeben das
Keltische Kreuz. 17 weitere
Baumarten wie Tanne, Zeder,
Pappel oder Ahorn stehen für
weitere Zeitspannen im
Jahr. Je nach Geburtsdatum
wird jedem Menschen so
ein Lebensbaum zuge-
ordnet. Oder eben auch ein
**Hochzeitsbaum,** der sich
am Datum der Trauung
orientiert. Aus der Zuordnung
der Bäume lassen sich Informa-
tionen herauslesen und – sofern
man daran glaubt – Voraussagen für die
Zukunft treffen. So können die Liebenden
gleich nach der entscheidenden Frage gemeinsam im
Schatten des Turms ein passendes Datum aussuchen. Alle Informa-

tionen zur Einteilung finden sich auf Tafeln entlang der Baumreihen. Allerdings: Es gibt keine Quelle, die belegt, dass ein solcher Baumkreis zu den Bräuchen der mittelalterlichen Kelten zählte. Vielmehr scheint das Horoskop eine Erfindung der Neuzeit zu sein.

Im Mittelpunkt des Castrop-Rauxeler Baumhoroskops steht der dritte Förderturm der Zeche. Er ist einer der letzten Hammerkopftürme des Ruhrgebiets. Das Besondere: Die Fördermaschine wurde direkt über dem Schacht platziert. Sie gibt dem Turm sein charakteristisches Aussehen: wie ein auf dem Stiel stehender Hammer.

**Romantik-Plus:** Auf der anderen Seite der Innenstadt, aber ebenfalls noch auf dem Gelände der alten Zeche, verspricht der Erin-Park eine kleine irische Auszeit. Nach der Stilllegung wurde aus dem Zechenareal ein Gewerbe- und Landschaftspark. Mit sanft geschwungenen Hügeln, viel Grün, Klee und plätschernden Bachläufen soll die Gestaltung an irische Landschaften erinnern. Ein romantischer Spaziergang lohnt sich. Hier steht auch noch das alte Fördergerüst. In den Abendstunden wird es stimmungsvoll illuminiert. Mit dem Auto ist der Park vom Hammerkopfturm aus in rund zehn Minuten zu erreichen.

★Hammerkopfturm der Zeche Erin mit Baumhoroskop, Bodelschwingher Straße 3, 44577 Castrop-Rauxel, www.castrop-rauxel.de, durchgängig geöffnet, Eintritt frei

★Erin-Park, Erinstraße, 44575 Castrop-Rauxel, www.castrop-rauxel.de, durchgängig geöffnet, Eintritt frei

# Hochzeitsgasse in Waltrop

Wer nicht viele Worte verlieren möchte (vielleicht auch, weil sie vor
Aufregung im Hals stecken bleiben), kann mit der Ehefrau/dem Ehe-
mann in spe auch einfach nach Waltrop reisen. Die kleine Stadt im
Kreis Recklinghausen ist durch die **hübschen Fachwerkbauten** in der
historischen Altstadt nicht nur ein romantisches Ausflugsziel. Hier
gibt es auch einige Gassen, die dem **Eheglück** auf die Sprünge helfen
sollen. Sagt man. Zur Pfarrkirche St. Peter (oder von ihr weg) führt
die „Hochzeitsgasse". Wer also seine(n) Auserwählte(n) an die Hand
nimmt und durch die schmale Gasse führt, vorbei an dem geschwungenen Schild mit dem Namen, der muss vermutlich keine Frage mehr
formulieren. Der Gedanke wird sicherlich auch so verstanden.
Eigentlich soll der Weg durch die Hochzeitsgasse aber Brautpaaren,
die die Kirche verlassen, ein glückliches Eheleben bescheren. Vielleicht liegt es daran, dass die Gasse so schmal ist, dass man automatisch eng zusammenrücken muss …

**Romantik-Plus:** Mit einem Besuch in der Pfarrkirche St. Peter lässt sich der romantische Ausflug verlängern – und vielleicht können Paare dort auch gleich den Hochzeitstermin festlegen. Das Gotteshaus gilt als Keimzelle des historischen Dorfes. Schon 1032 wurde es erstmals urkundlich erwähnt. Zu den Schätzen im Inneren gehört ein Taufbrunnen aus dem 12. Jahrhundert.

★ Pfarrkirche St. Peter und Hochzeitsgasse,
  Kirchplatz, 45731 Waltrop, www.waltrop.de

# TIPPS VON „GESICHTERLESER" UND COACH DIRK W. EILERT:

Dirk W. Eilert ist der „Gesichterleser":
Er hat die Mimikresonanz-Methode entwickelt,
leitet die Eilert-Akademie für emotionale
Intelligenz in Berlin und ist Autor mehrerer
Veröffentlichungen zum Thema Mimik. Unter
anderem von ihm erschienen: „Der Liebes-Code
– Wie Sie Mimik entschlüsseln und Ihren
Traumpartner finden".

 ## Liebe in der Mimik erkennen

Er oder sie ist die Liebe Ihres Lebens. Doch bevor Sie zu dem
– neben der ersten Annäherung – wohl aufregendsten Punkt
Ihrer Beziehung – dem Heiratsantrag – gelangen, wollen Sie
noch einmal auf Nummer sicher gehen: Hegt Ihr Partner/Ihre
Partnerin dieselben Gefühle für Sie und ist er/sie bereit für
den nächsten Schritt?

Der amerikanische Psychologe Dacher Keltner hat in mehreren Studien untersucht, ob es einen kulturübergreifenden
Ausdruck für Liebe in der Mimik gibt, und herausgefunden,
dass es einzigartige nonverbale Signale gibt, die den Ausdruck von Liebe kennzeichnen: der mimische Ausdruck von
Freude, kombiniert mit seitlich leicht geneigtem Kopf. Wie
Sie bereits bei unserem Exkurs auf Seite 142 gelernt haben,
unterscheidet sich Freude von einem freundlichen Lächeln
durch die Beteiligung des äußeren Augenringmuskels: Die
Augen strahlen. Meist erscheinen in den Augenwinkeln die

„Liebe"

„Rührung"

bekannten „Krähenfüßchen" – man sagt nicht umsonst „das Auge lacht mit". Die Freude beim Gesichtsausdruck von Liebe lässt sich leicht erklären: Der Anblick einer Person, in die wir verliebt sind, aktiviert unser Belohnungszentrum im Gehirn. Das zweite mimische Merkmal – der seitlich leicht geneigte Kopf – macht dann in Kombination mit der Freude den einzigartigen prototypischen Gesichtsausdruck von Liebe aus. Als nonverbales Signal der Hingabe signalisiert die seitlich leichte Neigung des Kopfs Intimität und Nähe.

Ein Gesichtsausdruck, der nicht direkt Liebe ausdrückt, sich aber offenbart, wenn uns etwas rührt, wir etwas „süß" oder romantisch finden, was jemand tut – ist der Ausdruck der Mischemotion Freude-Trauer. Sehen wir eine geliebte Person nach langer Zeit wieder, zeigt sich diese Mimik ebenfalls oft. Das liegt daran, dass dieser Gesichtsausdruck auch auftaucht, wenn sich eine starke Sehnsucht erfüllt. Beobachten Sie diese Mimik also während Ihres Antrags, wissen Sie: Sie haben voll ins Schwarze getroffen.

Der Liebe ein Zeichen setzen:

# VERLIEBT, VERLOBT, VERHEI-RATET

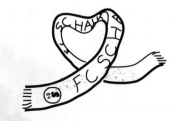

# DER LIEBE EIN ZEICHEN SETZEN: VERLIEBT, VERLOBT, VERHEIRATET

Heiraten im Standesamt kann jeder.
Sicher, auch die Rathäuser haben aufgerüstet
und die Trauzimmer sind längst nicht mehr amtlich nüchtern.
Dennoch: Wer ein besonderes Ambiente für den
schönsten Tag im Leben wünscht, wird meist eher
außerhalb der Behördenflure fündig.
Egal ob romantische Schlosskulisse oder
ruhrgebietstypisches Unter-Tage-Feeling –
im Ruhrgebiet kommt jeder nach seinem Geschmack
unter die Haube. Zum Beispiel hier ...

# AUSSERGEWÖHNLICHE LOCATIONS

## Altes Lehrerhaus Friemersheim in Duisburg

In der ehemaligen Dorfschule des alten Dorfs Friemersheim müssen Paare heute nur noch eine einzige Frage richtig beantworten, um das Klassenziel zu erreichen. Vom alten Friemersheim, heute Stadtteil von Duisburg, ist noch der **historische Dorfkern** mit Schule, Dorfkirche und Gasthaus erhalten. Das Ensemble gleich hinterm Rheindeich hat die Jahrzehnte beinahe unverändert überdauert, abgeschottet vom Rest des modernen Stadtlebens. Mehr als 100 Jahre lang, zwischen 1848 und 1858, haben hier ganze Generationen die Schulbank gedrückt.

Geheiratet wird in der ehemaligen guten Stube des Dorflehrers. Zwischen antiken Möbeln, Uhren, Spitzendeckchen und Trachten der Grafschaft Moers dürfen das Brautpaar und rund ein Dutzend Gäste Platz nehmen. Termine bietet das Duisburger Standesamt hier an jedem ersten Samstag im Monat an.

Zwischen Lehrerhaus, Kirche und Dorfschänke bieten sich unter den uralten Baumriesen sehr stimmungsvolle Motive für die Hochzeitsfotos an. Gleich hinter dem alten Dorfkern beginnen die **Rheinauen** – sehr idyllisch. Zur Feier kann die Gesellschaft dann nebenan in das alte Dorfgasthaus wechseln.

★ Freundeskreis lebendige Grafschaft e.V., Friemersheimer Straße 21, 47229 Duisburg, Tel. (0 20 65) 4 05 80, www.lehrerhaus-friemersheim.de

★ Stadt Duisburg, Standesamt Mitte, Sonnenwall 73/75, 47051 Duisburg, Tel. (02 03) 2 83 21 63, www.duisburg.de

## Historische Straßenbahn in Mülheim an der Ruhr

Eine Straßenbahn aus den 1950er-Jahren bietet in Mülheim an der Ruhr ein besonderes nostalgisches Ambiente für die Trauung. Hier geht's quasi in voller Fahrt ins Eheleben. Der Standesbeamte nimmt dem Brautpaar im mit Herzen geschmückten Waggon das Ja-Wort ab. Danach zuckelt „die Elektrische" mit der Linienkennung „Standesamt" rund zwei Stunden auf einer zuvor festgelegten **Hochzeitsroute** durch die Stadt.

Dabei hat es die Hochzeitsgesellschaft richtig bequem, denn die Bahn kann mit gepolsterten Ledersitzen auftrumpfen. Bis zu 40 Gäste können – je nach Wagen – mit auf Brautfahrt gehen. Falls der Sekt irgendwann durchschlägt: Regelmäßige Stopps für gewisse Bedürfnisse sind eingeplant.

Gebucht werden kann die Trauung auf Schienen samstags und wochentags, außer donnerstags.

★ Mülheimer Verkehrsgesellschaft mbH, Duisburger Straße 78, 45479 Mülheim an der Ruhr, Peter Schwarz: Tel. (02 01) 8 26-1455, www.mhvg.de

★ Stadt Mülheim, Standesamt, Am Rathaus 1, 45468 Mülheim an der Ruhr, Tel. (02 08) 4 55 34 01, www.muelheim-ruhr.de

# Welterbe Zollverein in Essen

Heiraten, wo früher „malocht" wurde: Auch auf dem Gelände der ehemaligen Zeche Zollverein in Essen wird der Bund fürs Leben geschlossen. Heute legt sich nicht mehr so viel Kohlestaub auf das schneeweiße Brautkleid, denn die ehemals leistungsstärkste Zeche der Welt ist heute ein Industriedenkmal. Als UNESCO Welterbe ist sie Aushängeschild der Industriekultur im Ruhrgebiet. Geheiratet wird heute im Bergebunker. Hier wurde der sogenannte Bergeversatz zwischengelagert, also das Gestein, das mit der Kohle zutage gefördert wurde. Heute findet sich im Inneren des Silos aus Stahlfachwerk kein Schutt mehr, dennoch ist das **Zechenambiente** authentisch erhalten. Gleisanlagen, Kettenbahnen und die dazugehörigen Wagen vermitteln den Eindruck, als würde hier noch gearbeitet. Der Kontrast zwischen dem feierlichen Anlass und dem von Kohle und Stahl geprägten Ambiente macht den Reiz einer Trauung auf Zollverein aus. Mittlerweile gehört das Welterbe tatsächlich zu den exklusivsten und schönsten Hochzeitslocations im Ruhrgebiet.

Wohl auch, weil die **hochkarätige Gastronomie** der Zeche Zollverein ganz besondere Feiern ausrichtet. Zudem gibt es nur fünf bis sechs Termine pro Jahr, an denen die Essener Standesbeamten auf der bekanntesten Zeche der Region ihres Amtes walten.

★ Stiftung Zollverein, Bullmannaue 11, 45327 Essen, Tel. (02 01) 2 46 81-355, www.zollverein.de

★ Stadt Essen, Standesamt, Gildehof, Hollestraße 3, 45127 Essen, Tel. (02 01) 8 83 34 99, www.essen.de

## Schiffshebewerk Henrichenburg in Waltrop

Das historische Hafenmeisterhaus am Schiffshebewerk in Waltrop gibt ebenfalls eine romantische Kulisse für den Ringtausch ab. Im Inneren des fast 90 Jahre alten Gebäudes wird ein spezieller Hochzeitsraum für die Gäste hergerichtet. Beim Ja-Wort genießen sie den Blick auf die **imposante Industriekulisse** des „Schiffsaufzuges". Das Hebewerk wurde als eines der ersten Bauwerke des Dortmund-Ems-Kanals 1899 in Betrieb genommen. Sogar der Kaiser gab sich damals hier die Ehre.

Wer mag, kann nach der Zeremonie stilvoll und im wahrsten Sinne des Wortes in den **Hafen der Ehe** einlaufen. Das Fahrgastschiff Henrichenburg nimmt die Gesellschaft mit auf eine einstündige Rundfahrt über die Kanäle und durch den Schleusenpark. Ein Sektempfang kann mitgebucht werden.

★ LWL-Museum Schiffshebewerk Henrichenburg,
Am Hebwerk 26, 45731 Waltrop,
Tel. (0 23 63) 9 70 70,
https://www.lwl.org/industriemuseum/standorte/
schiffshebewerk-henrichenburg

★ Stadt Waltrop, Standesamt,
Münsterstraße 1, 45731 Waltrop,
Tel. (0 23 09) 93 03 29, www.waltrop.de

## Schloss Strünkede in Herne

Für viele Bräute erfüllt sich mit der Hochzeit ja der Kindheitstraum, einmal Prinzessin zu sein. Einmal eine kostbare Robe mit meterlanger Schleppe tragen, einmal alle Blicke auf sich ziehen, einmal majestätisch einen Raum durchschreiten. Und die Hauptsache: mit dem Traumprinzen das **Happy End** erleben. Wer seinem persönlichen Märchen den letzten Schliff geben möchte, kann die Vermählung stilecht auf einem Schloss feiern. Das Wasserschloss Strünkede in Herne bietet eine besonders romantische Kulisse.

Bis zu zweimal im Monat verlegen die Standesbeamten ihren Einsatzort in das Kaminzimmer des Renaissance-Prachtbaus. Der eher schlichte Raum mit dem Holzdielenboden und den weißen Wänden strahlt eine besonders feierliche Atmosphäre aus. Nach dem Ringtausch kann die Hochzeitgesellschaft bei einer Führung Hochzeitsausstattungen vergangener Jahrhunderte bestaunen und die Hochzeitsglocke läuten.

Und auch den kirchlichen Segen können sich Brautpaare auf Schloss Strünkede holen. In der Schlosskapelle aus dem Jahr 1272 werden evangelische Trauungen vollzogen. Das mittelalterliche Bauwerk ist das älteste Gebäude der Stadt. Hier atmet die Trauung quasi Geschichte.

★ Schloss Strünkede, Karl-Brandt-Weg 5, 44623 Herne, www.herne.de

★ Stadt Herne, Standesamt, Friedrich-Ebert-Platz 2, 44623 Herne, Tel. (0 23 23) 16 16 34, www.herne.de

# Bergbaumuseum in Bochum

Eine **Hochzeit unter Tage** – mehr Ruhrgebiet geht nicht! Im Deutschen Bergbaumuseum heißt es bis zu dreimal pro Woche nicht nur „Glückauf", sondern auch „Ja, ich will". Die Standesbeamten trauen die Paare in der Steigerstube des Museums. Dafür fahren die Eheleute in spe 17 Meter tief ins Anschauungsbergwerk hinein. Der holzgetäfelte Raum ist klein: Lediglich 17 Sitzplätze gibt es. Die Einrichtung ist schlicht. Nur Grubenlampen, Geräte und Helme

schmücken Wände und Tische. Nach der Trauung geht es dann hoch hinaus: Für den Sektempfang steht die Aussichtsplattform des mehr als 70 Meter hohen Förderturms zur Verfügung. Von hier aus bietet sich ein beeindruckendes Ruhrgebietspanorama. Das Museum bietet zudem an, einen persönlichen Glückwunsch für das Brautpaar auf der LED-Wand an der Außenfassade abzuspielen.

Trauungen im Bergbaumuseum sind in der Regel dienstags, mittwochs und freitags möglich.

★ Deutsches Bergbaumuseum Bochum,
Am Bergbaumuseum 28, 44791 Bochum
Tel. (02 34) 5 87 71 95, www.bergbaumuseum.de

★ Stadt Bochum, Standesamt, Willy-Brandt-Platz 2-6,
44777 Bochum, Tel. (02 34) 9 10 19 51, www.bochum.de

„Alles, was mit ‚Hömma' anfängt."

# LOTTE MINCK

Autorin von Ruhrgebietskrimis, stammt aus Recklinghausen
www.roman-manufaktur.de

## Wo ist das Ruhrgebiet am romantischsten und warum gerade dort?

Überall, denn das Ruhrgebiet ist exakt so romantisch wie die romantische Stimmung, in der ich bin. Eine Bank an einem Stadtparkteich, eine verfallene Industriehalle, eine nächtliche Autobahnfahrt durch den leuchtenden „Pott" – alles ist romantisch mit dem geliebten Menschen neben mir.

## Wie knüpft man als echter „Ruhri" am besten den ersten Kontakt?

Alles, was mit „Hömma ..." anfängt.

## Was war Ihr romantischstes Erlebnis im Ruhrgebiet?

Es war 1985, er war Sänger einer Band, ich machte die Tourbegleitung. Auf der Rückfahrt mitten in der Nacht fuhren wir über die Autobahn, vorbei an den vielen illuminierten Industrieanlagen, die ihn – Engländer aus Coventry – unglaublich faszinierten. Wir redeten und redeten. Dann stieg er bei mir vor der Haustür spontan mit aus dem Bus, weil wir der Meinung waren, unser Gespräch sei noch lange nicht zu Ende. Es stellte sich heraus, dass unser Gesprächsstoff immerhin für zwei Jahre reichte – und die Freundschaft hält bis heute.

## Das erste Date! Wie und wo beeindruckt man den Partner in spe?

Ich empfehle das Bochumer Bergbaumuseum: Die Untertageführung ist kuschelig und findet bei schummrigem Licht statt und hinterher hat man eine Menge zu quatschen – am besten im wunderschönen Stadtpark, der dann noch zusätzlich mit etlichen, zum Teil charmant rostigen Skulpturen beeindruckt. Ach so – und keinesfalls vergessen, Frosch „Fridolin" auf seinem Brückenpfeiler zu besuchen, um dann unauffällig auf das Märchen vom Froschkönig zu sprechen zu kommen. „Willst du mein Froschkönig sein und dich von mir vor die nächstbeste Wand werfen lassen?" Zack – Eis gebrochen, Herz erobert.

## Wer ist für Sie das schönste Paar im Pott?

Mambo Kurt und seine Orgel. Nicht nur traumhaft attraktiv, sondern auch noch höchst unterhaltsam.

## Das Ruhrgebiet ist romantisch, weil ...

... die Menschen dort viel Sinn für liebevolles Miteinander haben – auch wenn der Umgangston für andere manchmal gewöhnungsbedürftig ist. Ein herzhaftes „Ey, du alte Keule" einer Frau gegenüber kann mehr Zuneigung ausdrücken als jedes schnulzige Kompliment aus dem „Handbuch für schnulzige Komplimente". (Gibt es das? Bestimmt, oder?).

Das Ruhrgebiet ist außerdem romantisch, weil es viele Möglichkeiten gibt, ein romantisches Picknick zu organisieren. Aber auf keinen Fall mit kulinarischem Firlefanz und/oder alkoholischer Prickelbrause. Ich als Frau sage: mit selbst gemachten Frikadellen, natürlich. Wenn die richtig lecker sind ... Dazu vielleicht noch ein umwerfender Kartoffelsalat und ein kaltes Bier ... Ich garantiere: Der Mann wird dieses Date nie vergessen und Ihnen ewig zu Füßen liegen.

# Zeche Nachtigall in Witten

Brautschleier, weiße Robe und Pumps sind tabu, wenn es zur Trauung in das Industriemuseum Zeche Nachtigall geht. Denn wer vermählt werden will, muss dem Nachtigallstollen rund 60 Meter tief in den Berg folgen. Über Stock und Stein, Gleise und Vorsprünge, manchmal sogar in geduckter Haltung. Außerdem besteht hier für alle Gäste Helmpflicht. Brautpaar und Gäste bekommen weiße Bergmannsmäntel und den entsprechenden Kopfschutz vom Museum.

Wer das alles nicht scheut, den erwartet ein ganz **außergewöhnliches Hochzeitsambiente.** Die Ringe werden im Schein der Grubenlampen mitten im Stollen getauscht. Die Gäste sorgen mit ihrem Outfit ebenfalls für ein **authentisches Bergmannsflair.** Bis zu 20 Personen können „einfahren".

Für Sektempfang und Feier können zum Beispiel das Maschinenhaus, ein Teil der Werkstatt oder ein überdachter Außenbereich angemietet werden.

★ LWL-Industriemuseum Zeche Nachtigall,
   Nachtigallstraße 35, 58452 Witten,
   Tel. (0 23 02) 93 66 40, www.lwl.org

★ Standesamt Witten, Ruhrstraße 91, 58452 Witten,
   Tel. (0 23 02) 5 81 34 04,
   www.witten.de

# Schloss Hohenlimburg in Hagen

Man muss kein Ritter oder Fürst mehr sein, um den Bund fürs Leben auf Schloss Hohenlimburg hoch über Hagen schließen zu dürfen. Die Hohenlimburg ist die einzige erhaltene mittelalterliche Höhenburg in Westfalen. Trutzig erhebt sie sich auf einem Hügel im malerischen Stadtteil Hohenlimburg, umgeben von viel Grün. Der elegante Ballsaal, auch Fürstensaal genannt, bietet heute eine **pompöse Kulisse** für standesamtliche Trauungen. Brautpaar und Standesbeamter nehmen hier auf antiken Stühlen Platz, in der Ecke steht ein Flügel, geschwungene Kerzenleuchter zieren den Tisch, Ölgemälde schmücken die weiß vertäfelten Wände. Ein Traum für Romantiker. Weil der Hochzeitsgesellschaft gleich ein ganzer Saal zur Verfügung steht, darf die Gästeschar auch groß sein: Bis zu 50 Personen können die Vermählung miterleben.

Wer der romantischen Hochzeitsinszenierung die Krone aufsetzen möchte, kann mit der **Brautkutsche** sogar bis in den ansonsten gesperrten Burghof vorfahren.

Für die anschließende Feier bietet sich ganz standesgemäß das Schlossrestaurant an. Die Räume im Fachwerkhaus mit den freistehenden Holzträgern und der Innenhof geben eine tolle Kulisse für Empfang und Feier ab.

★ Schloss Hohenlimburg GmbH,
Alter Schlossweg 30, 58119 Hagen-Hohenlimburg,
Tel. (0 23 34) 44 49 73,
http://restaurant-schloss-hohenlimburg.de/

★ Stadt Hagen, Standesamt, Rathaus I,
Rathausstraße 11, 58095 Hagen,
Tel. (0 23 31) 2 07 35 46, www.hagen.de

# Flughafen Dortmund

Wer symbolisch in den **siebten Himmel** starten möchte, kann in Dortmund in die Ehe abheben. Das Standesamt bietet auch sogenannte Ambientetrauungen am Flughafen der Ruhrgebietsstadt an. Vom Balkon des Trauzimmers aus haben die Brautleute die Start- und Landebahn des Dortmunder Airports perfekt im Blick.

Das Trauzimmer ist eigentlich einer der Konferenzräume auf der sogenannten Galerieebene. Die Einrichtung ist folgerichtig eher nüchtern-modern. Hier macht ja vor allem die **Symbolik** den Reiz des Trauortes aus.

Allerdings gibt es auch noch einen ganz praktischen Grund, sich hier das Ja-Wort zu geben: Nach der Zeremonie kann das Brautpaar sofort in die Flitterwochen starten. Der Check-in wird vorher schnell geregelt. So heben die Frischvermählten ganz entspannt ab. Die Chancen, dass Hochzeitsgäste ein „Just married"-Schild am Jumbo anbringen können, stehen allerdings eher schlecht ...

★ Dortmund Airport, Flughafenring 11, 44139 Dortmund, Tel. (02 31) 9 21 35 30, www.dortmund-airport.de

★ Stadt Dortmund, Standesamt, Friedensplatz 5, 44135 Dortmund, Tel. (02 31) 5 01 33 31, www.dortmund.de

„Ja nicht zu viele Worte verschwenden."

# STEFAN VOGT

**Journalist und WDR 2 -Moderator, kommt aus Bochum**

## Wo ist das Ruhrgebiet am romantischsten und warum gerade dort?

Romantisch geht natürlich überall im Pott. Zum Beispiel der Sonnenuntergang auf dem Turm des Bergbaumuseums in Bochum verändert bei einigen die Definition von Schönheit. Da versinkt die rote Sonne nicht bei Capri im Meer, sondern hinter der Bude.

## Wie knüpft man als echter „Ruhri" am besten den ersten Kontakt?

Das klappt an der Bude genauso wie in der Schlange beim Bäcker oder in der Kneipe. Wer ehrlich und direkt anquatscht, bekommt in der Regel auch immer eine Antwort. Wenn die nur kurz ausfällt („... ja sicha", „... muss", „... und selba?"), ist das nicht despektierlich gemeint, sondern die über Generationen gelernte Art der prägnanten Kommunikation. Ja nicht zu viele Worte verschwenden.

## Was war Ihr romantischstes Erlebnis im Ruhrgebiet?

Beim Kino-Open-Air in der Fiege-Brauerei auf Gartenstühlen sitzen, von oben tröpfelt der warme Regen und „BangBoom-Bang" (Ruhrgebietskultfilm, kann der ein oder andere Ruhri Wort für Wort mitsprechen) läuft.

## Das erste Date! Wie und wo beeindruckt man den Partner in spe?

Das liest sich auf den ersten Blick vielleicht nicht so romantisch: Aber eine Einladung zum Fußball kann das Fundament legen. Merke: Vorher erst checken, wer der Gegner des heimischen Clubs ist – drei mitgenommene Punkte machen bessere Laune für den Rest des Abends...

**Wer ist für Sie das schönste Paar im Pott?**

Fußballclubs und ihre Fans gehören im Pott zusammen. Diese echte Liebe ist hier besonders ausgeprägt. Ein Heimsieg, der eine ganze Stadt durch die Woche trägt – eine Niederlage, die noch nach dem Wochenende in der Luft liegt. Gibt's zum Beispiel in Schwarz-Gelb, aber auch zweitligatauglich in Blau-Weiß.

**Das Ruhrgebiet ist romantisch, weil ...**

... die Tradition, in der die Menschen zu Bergbauzeiten aufgewachsen sind, immer noch zu spüren ist. Eine raue Herzlichkeit, die hinter der aufs Minimale ausgerichteten Kommunikation stets da ist. Aufeinanderverlassen wird immer noch großgeschrieben.

Und abgesehen davon isset schön hier. Manchmal auch nur subjektiv.

# Otmar-Alt-Stiftung in Hamm

In Hamm erleben Paare einen **kunstvollen Start ins Eheleben.** Der Maler und Bildhauer Otmar Alt stellt Liebenden seine farbenfrohe Welt als Kulisse für die standesamtliche Trauung zur Verfügung. Alt gilt als einer der bedeutendsten zeitgenössischen Künstler. Bekannt ist er vor allem für seine abstrakten und bunten Bilder und Skulpturen. Auf seinem Stiftungssitz in Hamm hat er sogar einen Tisch für die Standesbeamten gestaltet. Zwischen Bildern und Objekten und mit Blick auf den weitläufigen Skulpturenpark starten Verliebte hier in ihr gemeinsames Leben. Auch ein von Alt gestalteter Flügel darf bespielt werden. Platz ist für rund 30 Gäste.

Auf dem Areal ist nicht nur das künstlerische Werk Otmar Alts zu sehen. Auch Arbeiten von befreundeten Künstlern finden sich hier. Das Atelier des Künstlers und die Wohnräume liegen ebenfalls auf dem Grundstück. Für Hochzeitsfotos bietet sich der weitläufige Skulpturenpark an.

★ Otmar-Alt-Stiftung, Obere Rothe 7, 59071 Hamm, Tel. (0 23 88) 21 14, www.otmar-alt.de

★ Stadt Hamm, Standesamt, Theodor-Heuss-Platz 16, 59065 Hamm, Tel. (0 23 81) 17 91 76, www.hamm.de

# HOCHZEITS-WÄLDER, LIEBES-SCHLÖSSER UND CO.

Die Ringe sind getauscht, der Segen ist erteilt,
die Hochzeitsfeier über die Bühne gebracht – wer glaubt,
dass er jetzt gemütlich die Füße hochlegen kann, hat sich geirrt.
Jetzt geht's nämlich an den Spaten! Angeblich aus dem Mittelalter
stammt der Brauch, zur Hochzeit einen Baum zu pflanzen.
Als Symbol für die tief verwurzelte Liebe und das stetige Wachstum
der Zweierbeziehung und als Zeichen der Lebenskraft.
Viele Städte besinnen sich heute wieder auf die alte Tradition –
schließlich macht ein solch symbolischer Akt nicht nur die Brautpaare
glücklich. Die so entstehenden Hochzeitswälder bringen Grün in die
Städte und unterstützen die Aufforstung von Flächen.

Wer seiner Liebe ein Zeichen setzen möchte,
kann beinahe überall im Ruhrgebiet zum Hochzeitswäldler werden.
Hier einige Beispiele:

# Hochzeitswald in Hamm

Die ersten Bäume des Hochzeitswaldes in Hamm sind schon echte Riesen. Denn der **Hain für Liebende** ist mehr als 20 Jahre alt. Inzwischen stehen auf den acht Hektar Fläche knapp 1200 Bäume. Gepflanzt wird hier nicht nur zur Heirat, sondern auch zu Jubiläen, Silberhochzeiten oder Taufen.

Besuchen können die Paten ihre Bäume natürlich auch. Die Stadt hat sogar Picknicktische aufgestellt. Weiterer Blickfang sind Holzskulpturen, die Charaktere aus der Vogelhochzeit darstellen, und ein Schnullerbaum, der Kindern den Abschied vom Nucki erleichtern soll. Und seit Neuestem gibt es hier auch einen Liebesschlosszaun. Hier können Paare ihre Liebe mit einem eigens gravierten Schloss

besiegeln. In anderen Städten treibt der noch recht junge Brauch die Ordnungsämter zur Verzweiflung, weil Brückengeländer oft unter der Last der illegal angebrachten Schlösser in die Knie gehen. In Hamm haben die Stadtväter im Hochzeitswald eigens einen Zaun für die **stählernen Liebesbeweise** aufgestellt.

★ Stadt Hamm, Umweltamt, Gustav-Heinemann-Straße 10, 59065 Hamm, Tel. (0 23 81) 17 71 38, www.hamm.de

# Hochzeitswälder in Bochum

Gleich zwei Hochzeitswälder „für Paare, die sich immer grün sein wollen" bietet die Stadt Bochum Verliebten an. In Altenbochum und im Landschaftspark Mechtenberg in Wattenscheid. Die Stadt macht es den Baumpaten ganz einfach: Sie müssen nicht selbst zum Spaten greifen. Mitarbeiter des Grünflächenamtes übernehmen den symbolischen Akt. Die Verliebten müssen lediglich einen Termin bei der Stadt ausmachen und Geld für den Baum überweisen.

In Bochum wachsen schon seit 1999 **Bäume der Liebe.** Ein erster Hochzeitswald ist bereits „ausgebucht". Rund 150 Paare hatten hier eine Eiche gepflanzt.

★ Stadt Bochum, Umwelt- und Grünflächenamt, Hans-Böckler-Straße 19, 44777 Bochum, Tel. (02 34) 9 10-3471, www.bochum.de

# Hochzeitswäldchen in Dorsten

In Dorsten soll **die Liebe Früchte tragen** – vielleicht werden deshalb Obstbäume im Hochzeitswald in Dorsten-Wulfen gesetzt? Die Stadt pflegt die Tradition bereits seit 1989. Mehr als 250 Apfel-, Kirsch-, Birnen- und Pflaumenbäume wurden bisher gepflanzt. Weil die nicht alle auf eine Fläche passen, wird schon am fünften Hochzeitswäldchen gearbeitet.

★ Stadt Dorsten, Umweltamt, Halterner Straße 5, 46284 Dorsten, Tel. (o 23 62) 66 49 oo, www.dorsten.de

## Sternpatenschaft in Bochum

„Einen Stern, der deinen Namen trägt"— der setzt nicht nur ein Zeichen für, sondern gleich ein Ausrufezeichen hinter die Liebe. Die Sternwarte in Bochum macht es möglich. Die Einrichtung vermittelt **symbolische Sternpatenschaften.** Für 50 Euro können Paare die Patenschaft für den guten Stern übernehmen, unter dem ihre Liebe hoffentlich steht. Die Lage des Himmelskörpers wird genau angegeben, außerdem gibt es eine Urkunde.

★ IUZ Sternwarte Bochum,
Blankensteiner Straße 200a, 44797 Bochum,
Tel. Sternen-Hotline (02 34) 4 77 11,
www.sternwarte-bochum.de

# TIPPS VON „GESICHTERLESER" UND COACH DIRK W. EILERT:

 **Liebesbooster: So bleibt die Liebe frisch**

Sie haben es getan! Sie sind mit Ihrem Traumpartner, mit Ihrer Traumpartnerin verheiratet und schweben auf Wolke sieben. Wie lange dauert Ihrer Meinung nach die Phase auf Wolke sieben an? Eine Frage, mit der sich auch die Forschung auseinandergesetzt hat, mit teilweise ernüchternden Ergebnissen. So ist eine italienische Forschungsgruppe rund um den Mediziner Enzo Emanuele zu dem Schluss gelangt, dass die Phase romantischer Liebe gerade einmal ein halbes Jahr andauert. Bedeutet das, dass jede romantische Liebe nach sechs Monaten zwangsläufig einen jähen Absturz erlebt? Glücklicherweise nicht, wie wiederum ein Team von Verhaltensforschern und Neurologen rund um Arthur Aron entdeckt hat. Romantische Liebe lässt sich tatsächlich „konservieren". Und genau dies tun die folgenden drei Liebesbooster für Sie.

 **Liebesbooster Nr. 1: Die Macht der Berührung**

Gegenseitige Berührungen setzen das Bindungshormon Oxytocin frei. Dadurch wird nicht nur Stress abgebaut, sondern auch das emotionale Band der Liebe gestärkt. Damit Berührungen den gewünschten Oxytocin-Effekt haben, müssen sie als angenehm empfunden werden, sprechen Sie daher mit Ihrem Partner: Kuscheln, Umarmen, Küssen und Händchenhalten. Möglichkeiten gibt es viele. Übrigens: Die absolute Nummer 1 der Oxytocinbooster heißt Sex. Beim Orgasmus ist der Oxytocinwert um das Dreifache im

Vergleich zum Normalwert erhöht. Sorgen Sie mindestens einmal täglich für eine ordentliche Dosis Oxytocin in Ihrer Partnerschaft.

 ## Liebesbooster Nr. 2: Die ansteckende Wirkung des Lächelns

„Positivitätsresonanz" – damit meint die amerikanische Psychologin Barbara L. Fredrickson die positive Reaktion auf die Freude des anderen, ein Mitschwingen. Denn Liebe entsteht, sobald zwei Menschen ein positives Gefühl teilen und auf diese Weise eine Verbundenheit zueinander herstellen. Nehmen Sie also Anteil an Glücksgefühlen Ihres Partners und zeigen Sie dies. Schaffen Sie sich immer wieder bewusst und aktiv Momente gemeinsamer Freude, indem Sie zum Beispiel zusammen etwas Neues und Aufregendes unternehmen. Dies muss kein Bungeesprung sein, ein neues Restaurant oder ein Theaterbesuch erfüllen auch ihren Zweck. Hauptsache Sie brechen gemeinsam hin und wieder aus den gewohnten Bahnen aus und freuen sich gemeinsam.

 ## Liebesbooster Nr. 3: Sprechen Sie die Sprache der Gefühle

Im letzten Liebesbooster geht es um die Fähigkeit, die Gefühle Ihres Gegenübers zu verstehen und wertschätzend damit umzugehen: die Empathie. Sie ist der Schlüssel für eine glückliche Partnerschaft, denn ein häufiger Trennungsgrund ist die emotionale Verarmung zwischen beiden Partnern. So gaben in einer im Januar 2014 durchgeführten Befragung der Onlinedatingbörse Parship auf die Frage „Was ist Ihrer Meinung nach eine der wichtigsten Voraussetzungen, damit eine Liebesbeziehung hält?" überwältigende 77,5 Prozent der Frauen und 68 Prozent der Männer die Antwort: „Dass man immer miteinander reden kann." Tauschen Sie sich also regelmäßig mit Ihrem Partner über Ihre Gefühle aus, um das Band der Liebe zwischen Ihnen zu stärken. Schon fünf Minuten täglich zeigten in Studien einen nachhaltigen Effekt.

© 2017 Droste Verlag GmbH, Düsseldorf
Konzeption/Satz: Droste Verlag, Düsseldorf
Umschlaggestaltung/Illustrationen: Britta Rungwerth, Düsseldorf

**Bildnachweis**
**S. 11, 116:** Michael Moll; **S. 12:** Historisches Archiv Krupp; **S. 13:** fotolia / E.Schittenhelm; **S.14:** fotolia / A.KaZaK; **S.16:** Unperfekthaus Essen; **S.18,19:** Music Circus Ruhr MCR, **S. 22:** Nina Stiller; **S. 24:** Thomas Berns; **S. 26:** XANGO CULT; **S. 30, 31:** Grubenglück GmbH; **S. 32:** Ruhr Tourismus / Udo Geisler; **S. 34:** www.ruhr-in-love.de; **S. 36, 165:** Bettina Volke aus Eilert, Dirk W. (2015). Der Liebes-Code – Wie Sie Mimik entschlüsseln und Ihren Traumpartner finden. Berlin: Ullstein-Verlag; **S. 41:** Christoph Fein/Mondpalast; **S. 43, 44:** Bettina Engel-Albustin / Mondpalast; **S. 46:** Kerstin Röhrich; **S. 48:** Stadt Bochum / André Grabowski; **S. 50:** Helmut Sanftenschneider; **S. 52:** Tüshaus Mühle; **S. 54, 74, 117, 124, 172, 174, 175, 179:** Kai Stefes; **S. 56, 57:** Westfälische Freilichtspiele e.V. Waldbühne Heessen; **S. 58, 122:** Schacht 11; **S. 60, 64, 110, 112, 141:** Kerstin Röhrich_Markus Helmich; **S. 62:** Theater an der Ruhr / Rudolf Grittner; **S. 67:** jochen-schweizer.de/ Günther Scherr; **S. 68:** TauchRevier Gasometer; **S. 70, 153:** Air Albatros GmbH ; **S. 73:** T. Seifinger; **S. 77:** Kluterthöhle & Freizeit Verwaltungs- und Betriebs GmbH & Co. KG; **S. 79, 80, 132:** Kai Niederhöfer; **S. 81:** S. Klein; **S. 82:** Kochwerkstatt Ruhrgebiet; **S. 84:** Curry Station 52; **S. 86:** Raimund Ostendorp; **S. 88:** Susanne Grüger-Breuckmann; **S. 92:** Gut Sternholz GmbH & Co. KG; **S. 94, 95:** Mini-Hotel Herdecke; **S. 96:** Ruhrcamping / Bauer; **S. 98:** Restaurant Finster; **S. 100, 101:** Jahrhunderthalle Bochum / Bochumer Veranstaltungs GmbH; **S. 102:** ZOOM Erlebniswelt Gelsenkirchen; **S. 104:** Heinrich Wächter; **S. 107:** maritimo Oer-Erkenschwick; **S. 114:** Maximilianpark Hamm / Thorsten Hübner; **S. 118:** DWJ GmbH; **S. 120:** RUB, Marquard; **S. 126:** Eckhard Spengler / Grugapark Essen; **S. 128:** fotolia / Aleksey Karpenko; **S. 130:** Uwe Köppen Stadt Duisburg; **S. 134:** Helmut Berns; **S. 136:** Planetarium Bochum / Presseamt; **S. 138:** RuhrtalBahn GmbH; **S. 140:** Die Grüne Flotte; **S. 151:** fotolia / annabell2012; **S. 154:** berggeist 007/pixelio.de; **S. 156:** Günter Matczik, EG DU; **S. 158:** NABU, Bernd Margenburg; **S. 160:** Stadt Castrop-Rauxel; **S. 162, 163:** Wirtschaftsförderung Waltrop; **S. 169:** fotolia / Mihai Blanaru; **S. 171:** Karlheinz Jordaan; **S.173:** LWL-Industriemuseum A.Hudemann; **S.176:** Photohouse / Daniela Schworm; **S. 180:** Schloss Hohenlimburg; **S. 181:** Dortmund Airport; **S. 182:** privat; **S. 185:** Otmar Alt Stiftung / Tim Luhmann; **S. 187:** Stadt Hamm; **S. 189:** fotolia / S.H. exclusiv

Druck und Bindung: Werbedruck GmbH Horst Schreckhase, Spangenberg

Alle Abweichungen, die nach Redaktionsschluss erfolgten, konnten im Buch nicht mehr berücksichtigt werden. Hinweise und Änderungen nehmen wir gern entgegen.

ISBN 978-3-7700-1587-0

Mit freundlicher Unterstützung von